はっそり見える!素敵な大人の半幅帯

オハラリエコ監修

ほっそり見える！素敵な大人の半幅帯

目次

半幅帯は太って見える!?

3つの「苦手」を克服すれば ほっそり着姿に大変身

どんな体型の方でも、スッキリとほっそりした着姿に大変身。
「おしりが見えて子供っぽい印象に」「後ろへ回すときに帯がゆるんでしまう」「形が複雑なのでバランスがとりづらい」など、半幅帯を結ぶ際に、もっとも多く挙げられる悩みを元に、解消法を紹介します。

ちょっとしたコツで
大人の半幅帯は
素敵になるんよ

着物・帯・小物／RICO STYLE

おしりが丸見え、上手に回せない、バランスが悪い……
3つの苦手が太って見える原因に！

シンプルで気軽な半幅帯ですが、名古屋帯や袋帯で結ぶお太鼓結びよりもバランスがとりにくく、大きさも小ぶりになるため、おしりが丸見えに。体型がわかってしまうだけではなく、子供っぽい印象にもなってしまいます。また後ろへ回すのが苦手な人が意外に多く、回し終えると帯結びが崩れていたり、帯がゆるんでいることも。そこで今回、読者を代表して4人の方にそれぞれの苦手を克服していただき、ほっそり着姿に変身してもらいました。

おしりは隠せばええってもんやないねん。大事なのは、おしりの割れ目の始まりと足の付け根なんよ

わたしたちは
おしり丸見えが苦手です

福間明子さん

- 着物歴＝1年
- 好きな半幅帯・兵児帯結び＝カルタ
- 半幅帯の悩み＝後ろのおはしょりがキレイに作れないので、見た目がだらしない印象になってしまいます。

上野ちとせさん

- 着物歴＝5年
- 好きな半幅帯・兵児帯結び＝三重仮紐系
- 半幅帯の悩み＝カジュアルすぎて正絹の着物に合わせづらい。体のライン（とくにおしり）が目立つので苦手意識が強いです。

わたしは後ろへ回すのが苦手です

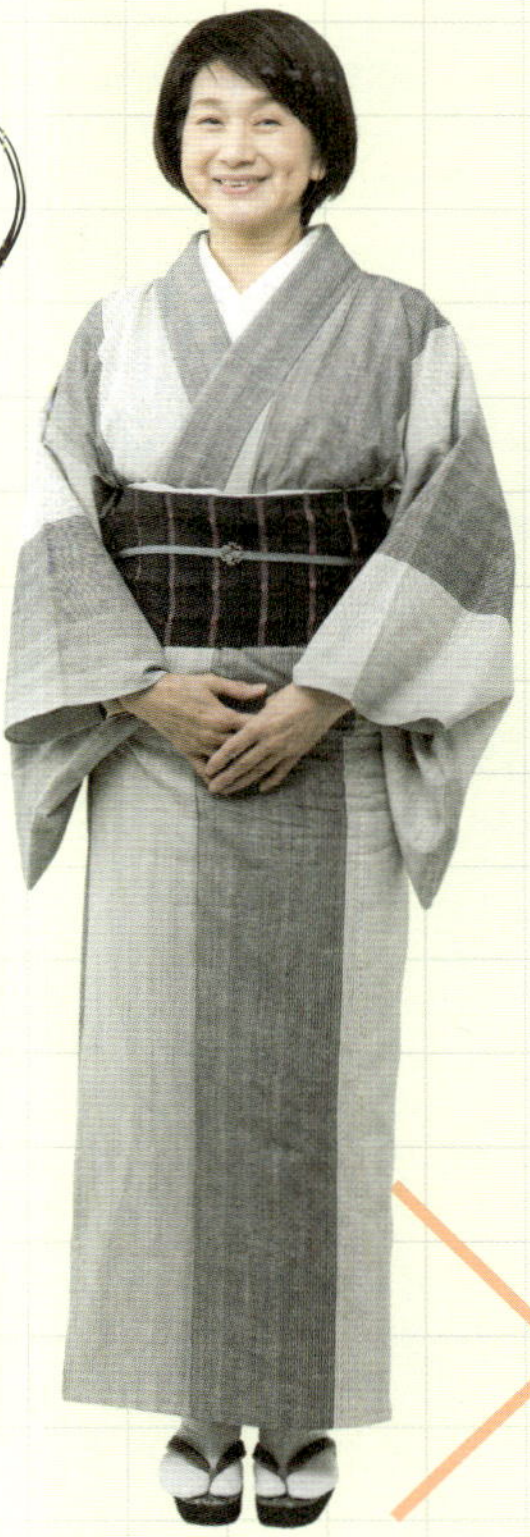

帯の締め加減と着物の脇の処理が原因かもしれへんなぁ

小島節子さん

- 着物歴＝5年
- 好きな半幅帯・兵児帯結び＝レイヤー　角出《つのだ》しリボン
- 半幅帯の悩み＝おしりが丸見えになるのが苦手。後ろへ回したときに帯結びが下がってしまい、だらしなくなってしまいます。

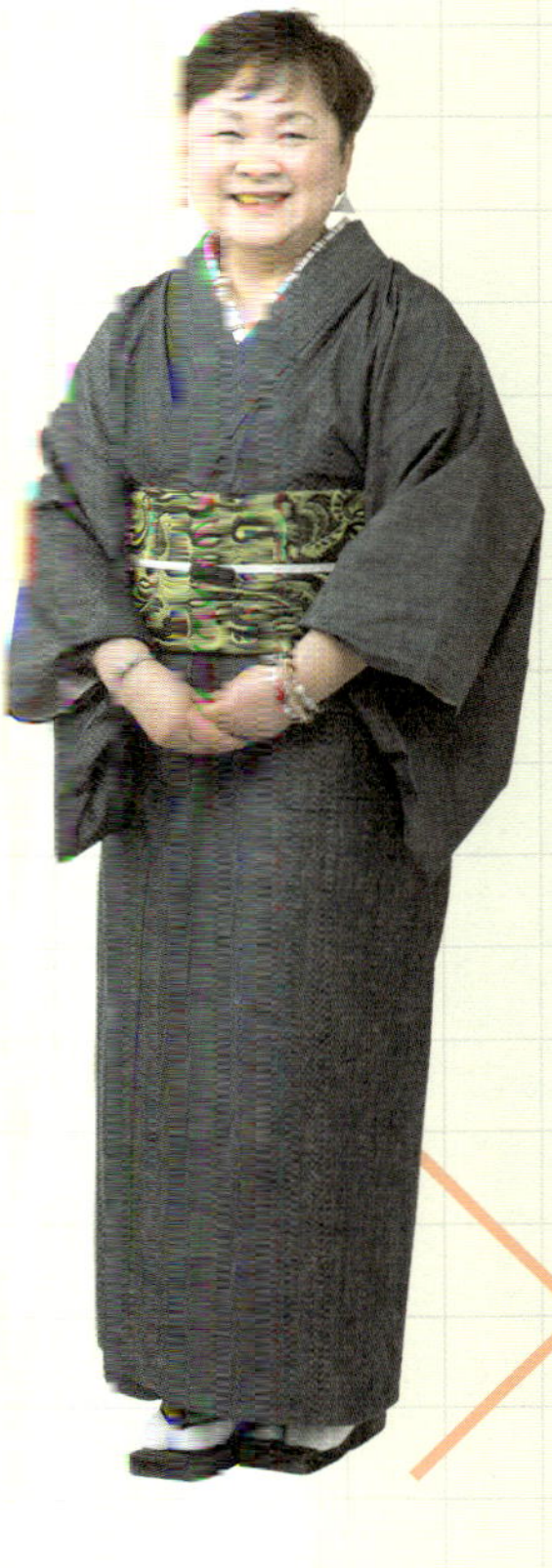

わたしはバランスよく作るのが苦手です

複雑な形が多い半幅帯の帯結びは、バランスの法則を知るとキレイに作ることができるねん

高橋和子さん

- 着物歴＝5年
- 好きな半幅帯・兵児帯結び＝引き抜き風角出し
  カルタ　神無月
- 半幅帯の悩み＝いろいろな結び方を覚えたいのですが、バランスが難しくてカルタばかり結んでしまいます。

※レイヤー、角出しリボン、引き抜き風角出し、神無月は『ふだん着物のらくらく結び　半幅帯と兵児帯』（オハラリエコ監修／世界文化社刊）に掲載されている帯結びです。

エンドラインを変えれば おしりが目立たなくなります

NG
後ろ姿に
自信がありません……
おはしょりがグシャグシャ
おしりが目立つ

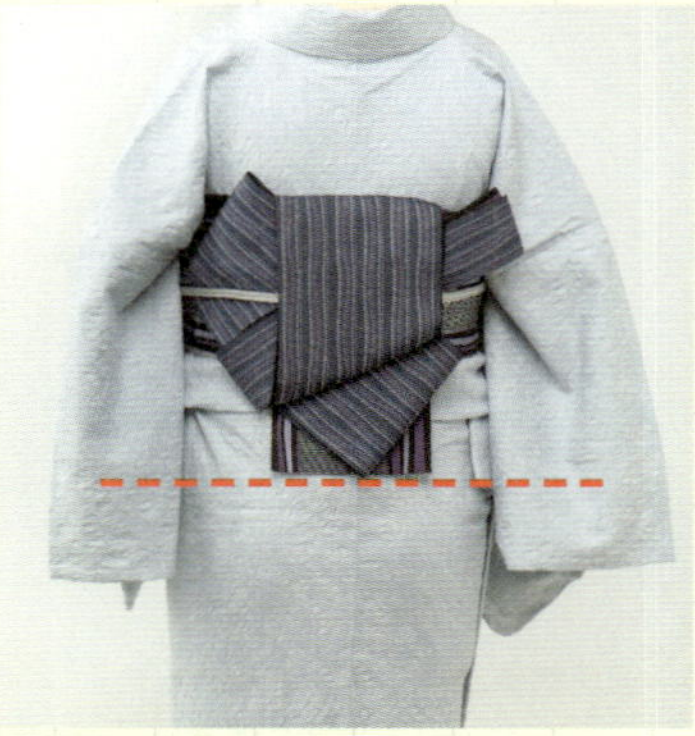

前結びの段階で、帯結びのエンドラインを足の付け根に合わせると、後ろへ回したときにおしりの割れ目の始まりにエンドラインがきます。

オハラcheck

帯結びのエンドライン（いちばん下のライン）は、**おしりの割れ目**の始まりに合わせます

ポイントは おしりの割れ目と足の付け根

幅の狭い半幅帯は、どうしてもおしりが丸見えに。だからといってやみくもに大きく作ればいいというものでもありません。もっともおしりが小さく見えるのは、帯のエンドラインをおしりの割れ目の始まりに合わせた帯結び。前で結ぶときにはエンドラインが足の付け根にくるように作ります。これより長すぎてもおしりのもっとも張った部分が目立ってしまい、よけいにおしりが大きく見えてしまいます。

後ろのおはしょりは手刀《てがたな》が決め手なんよ

福司さんがおはしょりをキレイに作れないのは、後ろのおはしょりを整えるときに小刻みに手刀を切っていたのが原因のよう。オハラ流では手刀は下に下ろしたら間髪入れずに一気に左右に引き、おはしょりの布目にゆるみをもたせません。

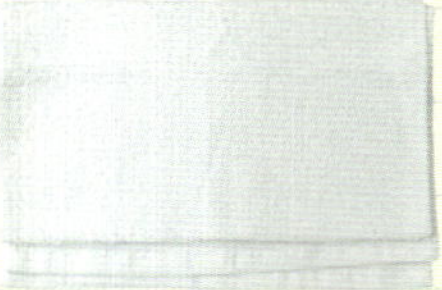

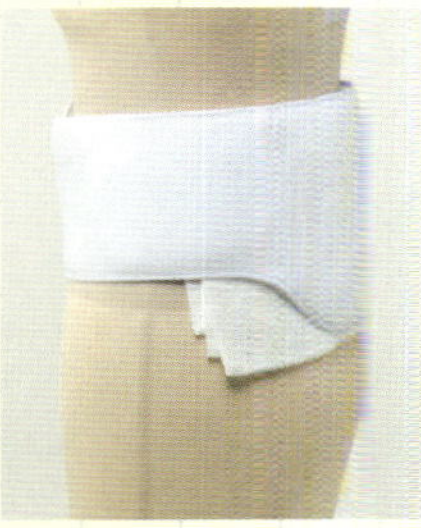

後ろのおはしょりがキレイに作れないもうひとつの原因は補整にあります。とくに反り腰の人は、タオルを段違いに折りたたみ、腰からおしりにかけてフラットになるよう補整をします。

後ろ姿が
スッキリしました！

くノーレイヤー（p.26）のアレンジ結びに。垂れを伸ばすことで、おしりの存在感が薄れました。悩みだった後ろのおはしょりの乱れも、手刀と補整でスッキリと。

おしりが
目立たなくなりました！

クロワッサンの結び方はp.76に

兵児帯でクロワッサン（p.76）に。やや小さくて小学六年生のランドセル状態だった後ろ姿が、帯結びの横幅を広げておしりから視線をそらすことで、華《きゃ》奢《しゃ》な後ろ姿に。

帯の締め加減、脇の処理を見直せば上手に回せます

★着物の脇がグチャグチャになっていませんか？
★一巻き目がゆるんでいませんか？
★伊達締めの素材は正絹またはすべりのいい素材ですか？
★帯板が小さすぎませんか？

帯が引っかかる原因1
脇の布が整っていない

着物や浴衣の脇の布が整っていないと、帯を回したときに引っかかってしまいます。帯は必ず右回しに回すので、前身頃が後ろ身頃の上に重なるように脇の布を整えておきます。

1
伊達締めを締めたら、後ろ身頃の身《み》八《や》つ口《くち》の余った布を、前身頃の中に入れます。

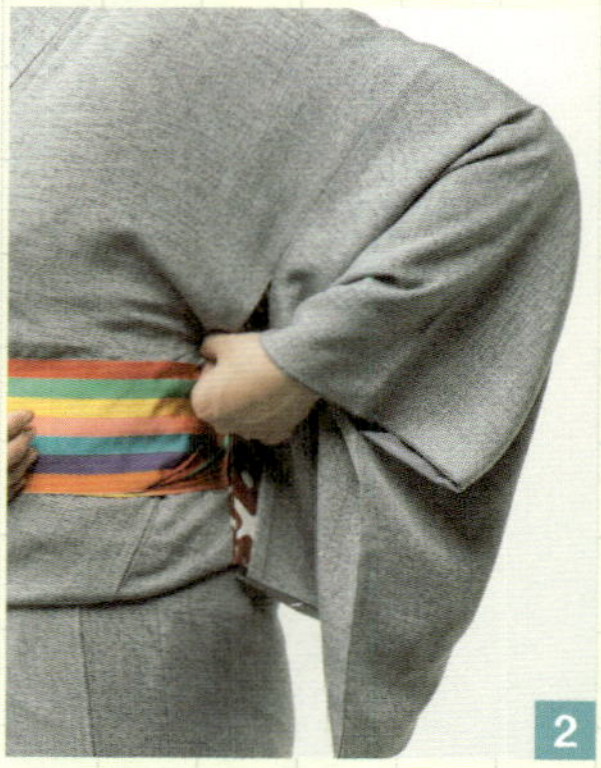

2
前身頃を後ろに倒します。必ず前身頃は後ろ身頃の上に重なるようにします。逆だと帯を回したときに、後ろ身頃が引っかかります。

3
伊達締めの下側の脇縫いを下に引いて、上半身の空気を抜きます。

帯が引っかかる原因2
一巻き目がゆるい

帯を体に巻くときに、一巻き目が二巻き目よりもゆるいと、帯を後ろへ回したときに一巻き目のたるみが引っかかり、うまく回せません。一巻き目と二巻き目の締め加減は同じにしましょう。三巻きするときも同様です。帯を締めるときは和装クリップが便利です（p.16参照）。

クリップを使うとゆるまずに巻けるし、帯板と帯の間に適度なすき間ができるから、回しやすくなるんよ

二巻き目だけ一生懸命に締めていました

回しても帯が落ちてこなくなりました！

ぺたんこ太鼓の結び方は p.52

脇の布目を正して、一巻き目と二巻き目の帯の締め加減を揃えることで、型崩れすることなく後ろへ回せるようになりました。

ベルト付きの帯板は、ゆるいくらいがちょうどいいんよ

前結びにはベルト付きの帯板が便利ですが、ベルトを締めすぎると回しにくくなります。体と帯板の間に余裕があるくらいがちょうどいい締め加減です。

オハラ流では帯結びに和装クリップを使用します。帯もゆるまず両手もフリーになり、さらにクリップを付けたまま後ろへ回すことで、帯結びの型崩れを防げます。ですが、くれぐれも外し忘れには気をつけましょう。

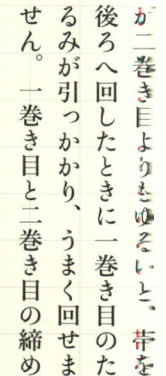

ほっそり結びの黄金バランスは1:1:1 後ろ姿が華奢に見えます

NG
形が決まらないと、
おしりが余計に
目立っちゃう……

ぺたんこ系は1：1：1に胴帯から出る帯の長さを揃えます

貝の口や矢の字など、折り紙のように折りたたんでいくぺたんこ系の帯結びはとくに、胴に巻いた帯幅からはみ出る帯の長さ（右の写真の場合はA、B、C）を1：1：1に揃えると、バランスよく形がまとまります。この法則を知っていれば、帯結びを大きく作ろうが小さく作ろうが、キレイな形に作ることができるのです。

A
B
C

オハラcheck

とくにぺたんこ系は、2辺もしくは3辺の長さを揃えると見た目もよし！

片ばさみ

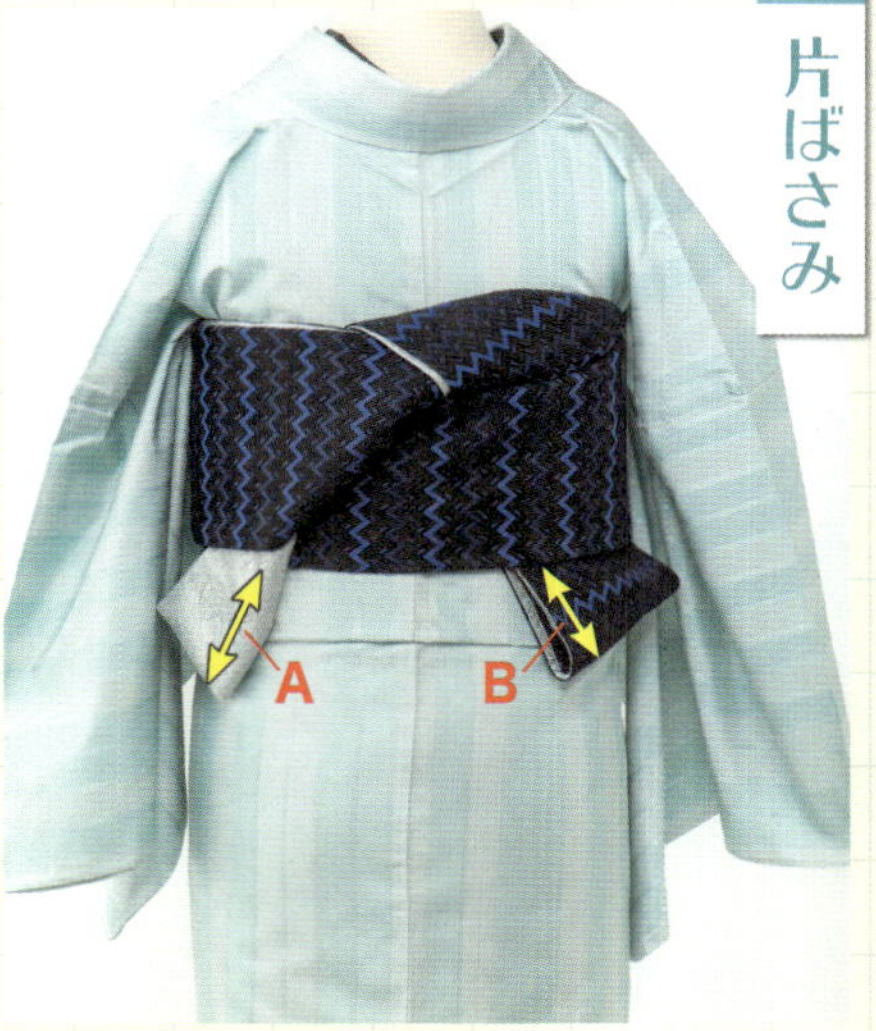

矢の字

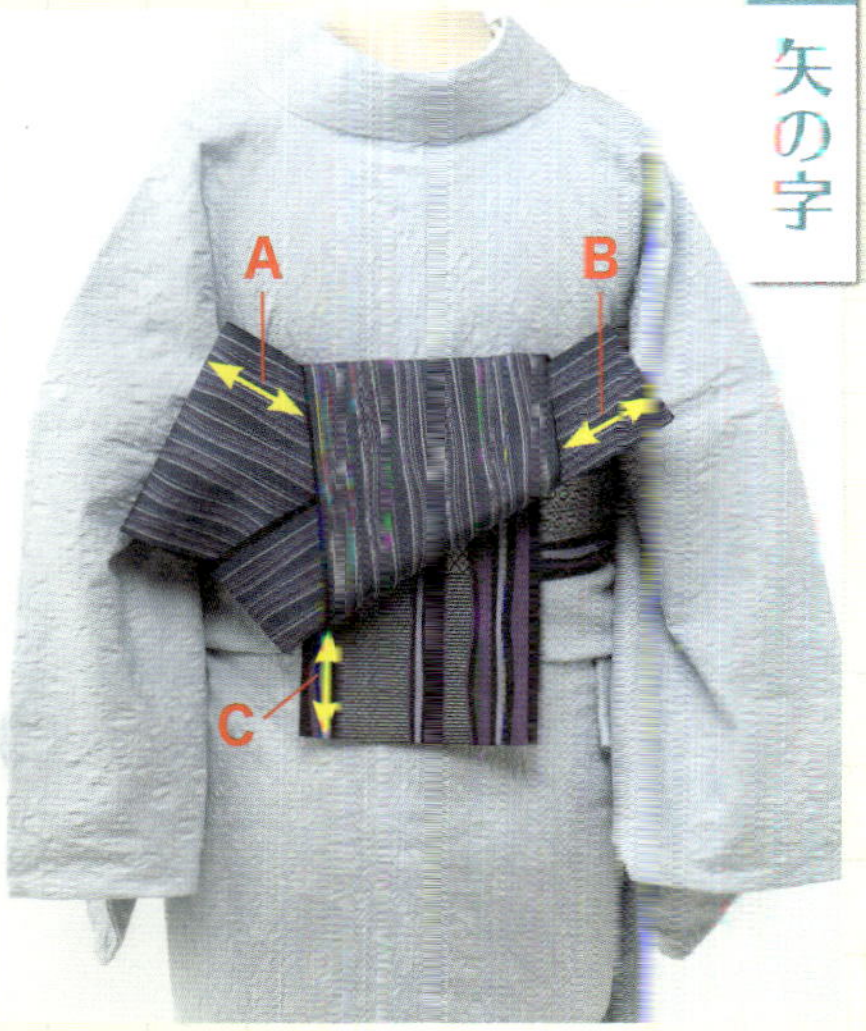

吉弥

枝垂れ矢の字返しの結び方はp.23

帯結びのバランスが整うことで、キリリとした後ろ姿に。さらに衣紋《えもん》を抜いて（p.86～87、90参照）、下前の褄《つま》を上げる（p.88、89参照）ことで、全体的にひと回りほっそりと見えます。

貝の口

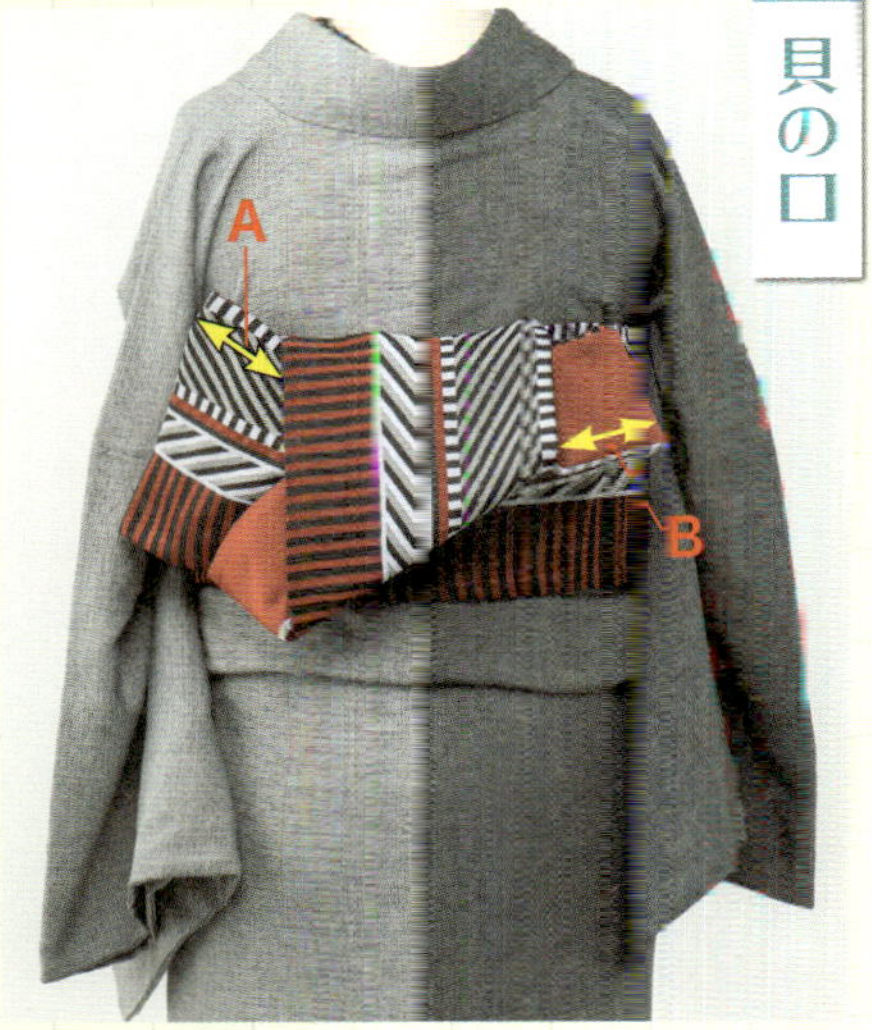

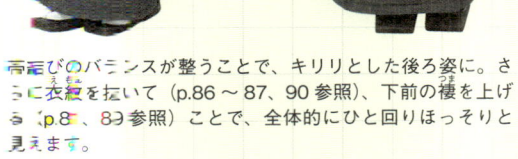

帯結びがキレイに決まれば、ほっそり体型に！

誰でも成功する４つのテクニック

半幅帯の失敗の多くが、帯のゆるみと帯結びの形の悪さ。帯がゆるむことで胴回りは太く見え、着崩れの原因にもなります。また小さすぎる帯結びは、おしりが悪目立ちして実際よりも太った印象にも。半幅帯の４つのテクニックを使えば、これらが解消。誰でもほっそり体型に見えるキレイな帯結びができるようになります。

コツをマスターすれば
誰でもキレイに
決まるんよ

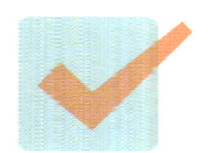

Technic 1

ぺたんこ系の黄金バランスは1：1：1

１：１：１の法則とエンドラインのベストな位置を知っていると、どんな複雑な帯結びでもバランスよく形が決まるし、おしりも目立たなくなるんよ

大人っぽくて人気の高い矢の字や吉弥などぺたんこ系の帯結びですが、アシンメトリーで複雑な形も多いので、バランスがとりづらいことも。

もっとも美しいバランスは、1：1：1。胴帯からはみ出る帯の長さを揃えることで、バランスよく仕上がります。1辺でも長さが大幅に異なると、全体がいびつに歪んでしまいます。貝の口のように垂れがない帯結びは、1：1で長さを揃えましょう。

またおしりを目立たなくさせ、華奢な後ろ姿に着付けるには、帯結びのエンドラインをおしりの割れ目の始まりまで伸ばすことがポイントに。これよりも長いと、おしりの張った部分が目立ってしまい、逆に短いとおしりが丸見えに。前結びのときは足の付け根にエンドラインがくるように結びます。

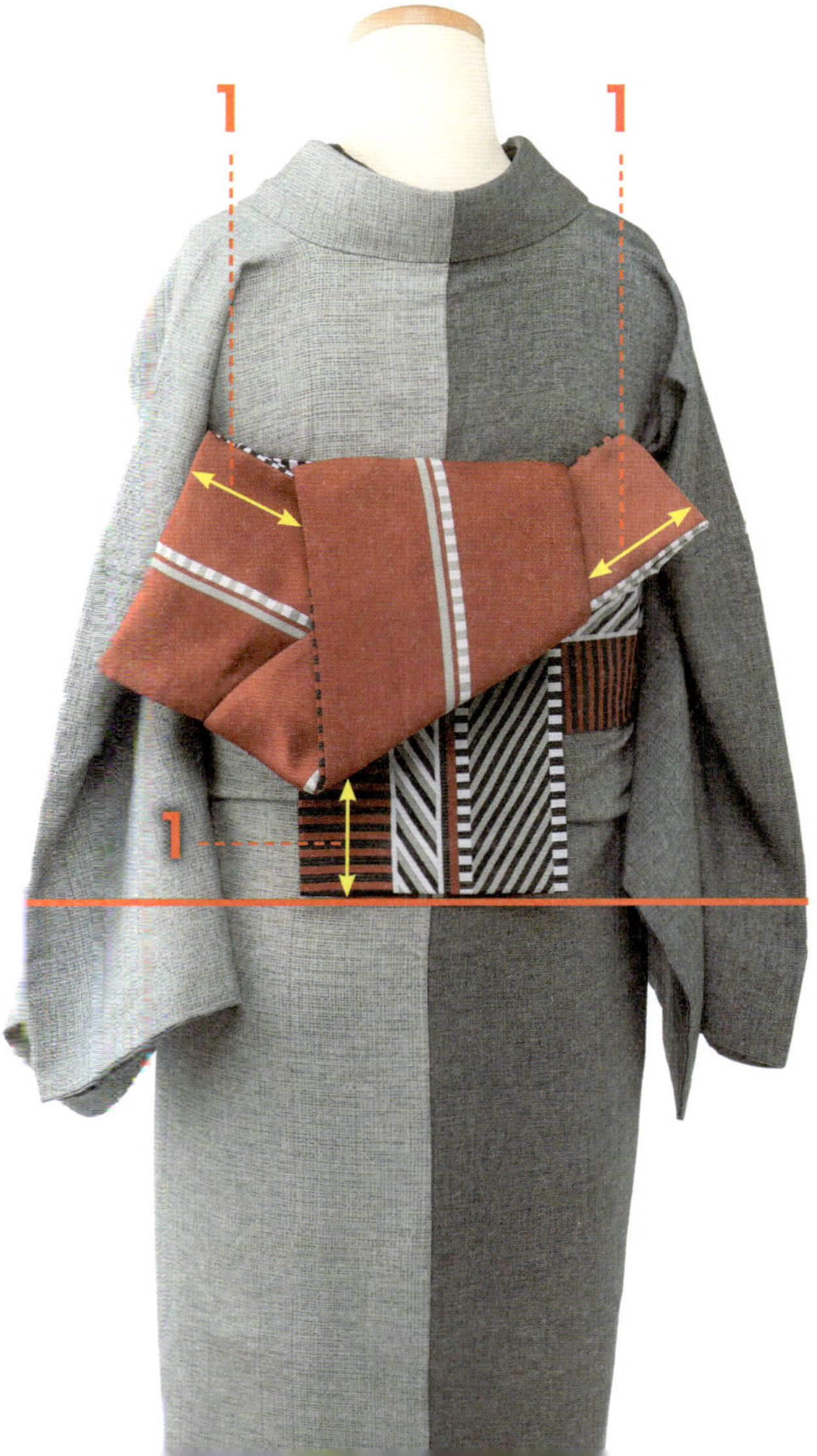

おしりの割れ目の始まりまでエンドラインを伸ばす

前結びではエンドラインは足の付け根が目安

Technic 2

体から 10 センチ以内で動作をする

帯を結ぶときに限らず、着物や浴衣の着付けの動作のほとんどは、体から10センチ以内で行うことが、着崩れなくスッキリと着られるコツです。体から離れた位置で動作をすると、帯がゆるんできたり、中央がずれるなど着崩れの原因にもつながります。

慣れない動作が多いので、手元が見やすいようにとついつい体から手が離れがちですが、脇を締めて肘を体に付け、左右の肩甲骨を寄せるように意識すると、体から近い位置で動作をすることができます。

帯を体に巻くときや、テとタレを結ぶときはとくに、体から手が離れがちに。日頃から肩甲骨を柔らかくしておくと、体の近くで動作をしやすくなるかもしれんよ

体の中央に結び目ができる
しっかりときれいに結べる

テとタレを体の近くで結ぶと

結び目が体の中央からずれる
結び目がゆるみがちに

体から離れたところで結ぶと

Technic 3

布目に沿って締めれば必ず締まる

テとタレを結ぶときは、結び目をはさんで一直線になるようにテとタレを引き抜き、経《たて》と緯《よこ》の布目に沿って締めれば必ず締まります。

和服はすべてが直線裁ちなので、着物や浴衣を着るときも、帯を結ぶときも、布目の方向に逆らうことなく素直に沿わせることで、布目が整い、キレイな仕上がりになります。

オハラcheck

帯の経と緯の糸の流れを見れば布目はわかります。それでも締まらない場合は、一気に締めずに少しずつ「ちょこちょこ」と締めてみてください

布目の方向に沿ってテとタレを締める

締まりにくい帯の場合は……

タレは動かさず支えるだけ

タレは動かさずに押さえたまま、体重をかけてテを締める

NG

Technic 4

和装クリップで固定する・締める・型崩れを防ぐ

はさむ部分にゴムが付いている着付け用の和装クリップは、低価格で購入できる便利グッズ。大きさに種類がありますが、7センチ前後の大きさがいちばん使い勝手がいいでしょう。半幅帯を結ぶときは、テの位置を固定したり、帯がゆるまないようクリップをとめることで両手がフリーになり、結ぶなどの動作がしやすくなります。また、最後に後ろへ帯を回すときも、クリップをとめておくことで型崩れを防ぐことができます。

オハラ check

利用できるものは使わな損！　オハラ流では最低２個和装クリップがあると、着付けから帯結びまで楽にできるんよ。洗濯ばさみは生地が傷つく可能性があるのでおすすめできひんなぁ

クリップでとめて型崩れを防ぐ

前結びをしてから後ろへ回すとき、帯結びをクリップで数ヶ所とめておくと、型崩れすることなく後ろへ回せます。とくに帯板の上にテを入れて垂れを作る帯結びは崩れやすいので必須です。最後にクリップを外すのを忘れずに。

クリップを使えば締めるのもラクチン♪

タレを引いて
帯を締める
クリップを
押さえながら

一巻き目と二巻き目で帯を締めるときに、テ元と帯板を一緒にとめたクリップを押さえながらタレを引くと締めやすくなります。

帯位置を固定して両手をフリーにする

テを決めたらクリップ

二巻きしたらクリップ

テを決めたら左胸の帯下で帯板と一緒にクリップでとめて固定します。二巻きしたら、タレと帯板を一緒にクリップで固定します。これで帯がゆるむことなく、両手がフリーになるため、次からの動作がしやすくなります。

後ろ姿が華奢に見える

「大人カッコいい」ぺたんこ系とお太鼓系の帯結び

折り紙のように折りたたむぺたんこ系と、たっぷりとしたボリュームが出せるお太鼓系は、半幅帯を大人っぽく結びたい人にとくにおすすめの帯結び。ゆるみが出ないよう和装クリップを使い、黄金バランスに従って形作ることで、ほっそりとした着姿になります。

体に帯を巻く回数は、帯の長さや帯結び、体型に応じて二巻きまたは三巻きします。

1：1：1の法則マークがついた帯結びはとくに、胴帯からはみ出る帯の長さを揃えて形作ります。

ぺたんこ系は
1：1：1の法則で
形が決まります！

1：1：1の法則マークがついていても、貝の口のように胴帯からはみ出る帯が3ヶ所ではない場合があります。

マークがついたプロセスは、ほっそりポイント。ここをきちんと行うことで、ほっそり体型に着付けることができます。

Basic

テの巻き始め3パターンを徹底マスター

ほとんどの半幅帯の帯結びが、最初にテの幅を半分に折ってから巻き始めます。巻き始めの形は3パターン。自分にとってやりやすい方法を選んで、巻き始めてみましょう。

フラットな仕上がりになるのはversion1やけど、最終的にテのワ（山折りになっている側）が下になっていれば、どの方法でもOK！

Version 1

帯幅を半分に折ってから巻く

名古屋帯のたたみ方のように、真ん中で帯が半分に折りたたまれるようにします。実際は体に帯を当ててからこの形にします。

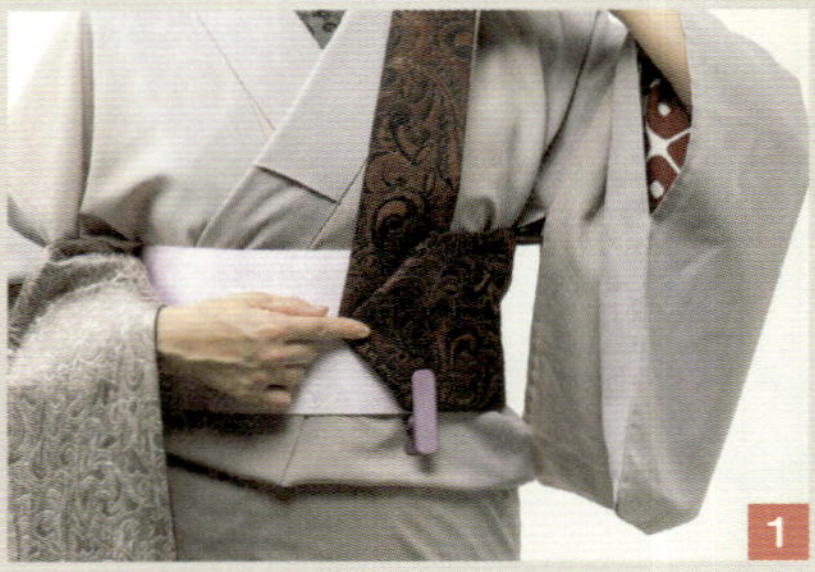

テの長さを決めたらテ元を体の中央に置いて、左胸の帯下をクリップでとめて固定します。

体に二巻きしたら、テを下ろします。

下ろしたテを右側にひっくり返して、ワが下になるようにします。

Version 2

テを外側に折る

パターン1

テを外側に折ってから体に二巻きし、テを下ろしたら、左端を右側（内側）に折り重ねて、ワが下にくるようにします。

パターン2

テを外側に折ってから体に二巻きし、テを下ろしたら、右端を左側に折り重ねて幅を半分にします。

幅を半分に折ったテを右側（内側）に倒して、ワが下にくるようにします。

Version 3

テを内側に折る

パターン1

テを内側に折り上げてから体に二巻きし、テを下ろしたら、左端を右側（内側）に折り重ねて幅を半分にします。

パターン2

テを内側に折り上げてから体に二巻きし、テを下ろしたら、右端を左側に折り重ねて、半分にします。

幅を半分に折ったテを右側（内側）に倒して、ワが下にくるようにします。

Basic

基本の結び方をマスターしましょう

カルタ系の帯結び以外は、基本の結び方はほぼ同じ。和装クリップを使って、ゆるみのないよう巻くのがポイントです。とくに背中に帯を当てる際、帯をきちんと密着させることで、一巻き目のゆるみ防止になります。

帯板の準備

オハラ流ではベルト付き帯板を使います。ベルトはゆるめにして、手がすっぽりと入るくらいの余裕をもたせてから体に装着します。

背中に帯を当てる

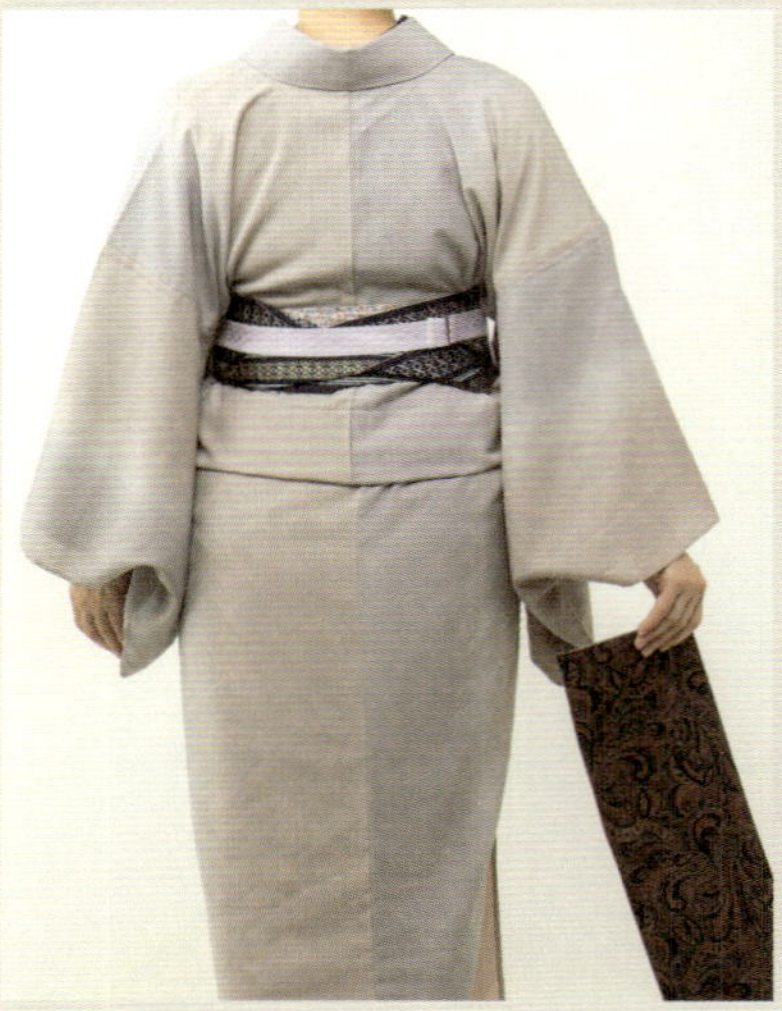

1 テ先を片手で持つ

2 後ろに回して両手で持つ

ほっそり

3 背中の高い位置に広げて密着させる

4 帯の下側を持つ

テの長さを決める

帯結びによってテの長さは異なります。本書では、各帯結びに必要なテの長さは、テ先の角から三角に折った長さ（帯幅）を1と数えて表記してあります。ただしあくまでも目安なので、帯の長さや体型に応じて調整しましょう。

胴帯の上線の目安は衿合わせから手幅ひとつ分

胴帯の上線は、衿合わせから手幅ひとつ分が目安です。これよりも高いとお嬢さん風に、低いと粋な雰囲気に。とくに胸が大きい方は低めのほうがスッキリ見えます。

体に巻き始める

1 テの長さを決めたら、テ元を左胸の下に合わせます。

2 テ元と帯板を一緒に、下側でクリップでとめることでテの長さがずれず、また、上から帯板が見えることもありません。

3 本書ではテを外側に折り上げてから巻き始めますが、テの処理は、p.18～19を参考に、好みの方法を選びましょう。

締める

体に帯を一巻きしたら、テ元と帯板をとめたクリップを押さえながら、タレの下側を持って引いて締めます。二巻き目も同様に締めます。体型や帯の長さ、帯結びに応じて二巻きから三巻きします。

ゆるまないように固定する

二巻きして締めたら、帯がゆるまないようタレと帯板を一緒にクリップでとめて固定します。これで両手がフリーになり、次からの帯結びの動作をしやすくなります。

p.22 ～ p.26 は
タレを引き抜かずに結ぶ帯結びです。

基本型

矢の字

貝の口に形は似ていますが、垂れがあるためおしりが目立ちません。ゆるみやすいので、気になる場合は最後に帯締めをするといいでしょう。1：1：1 の法則でバランスよく結びます。

テ	4～4.5		
適した長さ	3m60cm以下	4ｍ以下	4ｍ以上
質感	柔らかめ	ふつう	硬め
難易度	★★★☆☆		

1
帯を二巻きか三巻きしてクリップで固定したら、体の近くでタレを上、テが下になるよう交差させます。

2
Aを押さえながら、タレ元から折り上げます。

3
そのままタレを引き上げます。

4
足の付け根までタレ先を残し、布目に沿って斜めに締めたあと、まっすぐに整えます。

5
結び目をしごいて整えます。

6
タレを真下に下ろし、胴帯との際《きわ》にシワが寄らないようまっすぐに整えます。

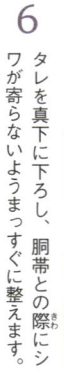

矢の字返し

タレを２回折りたたんだ矢の字のアレンジ。面が広がり、小尻効果ものぞめます。長めの半幅帯や中途半端にタレが余ってしまう場合におすすめです。

テ	4～4.5		
適した長さ	3m60cm以下	4ｍ以下	4ｍ以上
質感	柔らかめ	ふつう	硬め
難易度	★★★☆☆		

1 矢の字よりも長めにテを取り、基本の矢の字の7まで進めます。タレと折り上げた帯を一緒にクリップでとめます。

2 1で人差し指一本分をはかり、斜め内側に折ります。

3 形が崩れないようクリップで固定してから、テ先からタレでできた輪の中に通します。

4 テを完全に引き抜いて、形を整えます。

5 帯締めを通して結び、後ろへ回します。

7 タレを胴帯の下線から斜め左側に折り上げます。

8 タレでできた輪の口に、テ先から入れます。

9 テを引き出して形を整えて、後ろへ回します。

くノ一

たっぷりとしたボリュームで、おしりが隠れるサムライのアレンジ結び。左右の垂れの長さとテ先の羽根の長さを揃えるとバランスよく結べます。

テ	4〜4.5		
適した長さ	3m60cm以下	4m以下	4m以上
質感	柔らかめ	ふつう	硬め
難易度	★★★☆☆		

1
帯を二巻きしてクリップで固定したら、体の近くでタレを上、テが下になるように交差させます。

2
Aを押さえながら、タレ元から折り上げます。

3
テを斜め上に引き上げます。

4
足の付け根までタレ先を残し、布目に沿って斜めに締めます。

5
上に引き上げたタレを下ろし、外側に折り上げてタレ先と長さを合わせます。

着物／黒木織物　帯／榎本株式会社

6

短く折ったタレを、Bから胴帯の一巻き目と二巻き目の間に入れて、下から引き出します。

7

胴帯の二巻き目の上端を内側に折り、余計な凸凹ができないようフラットに整えます。

8

テとタレの結び目をしごいて整えます。

9

タレでできた輪の中に、テ先から入れます。

10

テを引き出して形を整え、後ろへ回します。

枝垂れくノ一

長いテ先を下に垂らしてリボンのように。大人可愛いアレンジ結びです。

テ	4.5～5		
適した長さ	3m60cm以下	4m以下	4m以上
質感	柔らかめ	ふつう	硬め
難易度	★★★☆☆		

くノ一よりテを長く取り、テ先を下に垂らしてアレンジします。

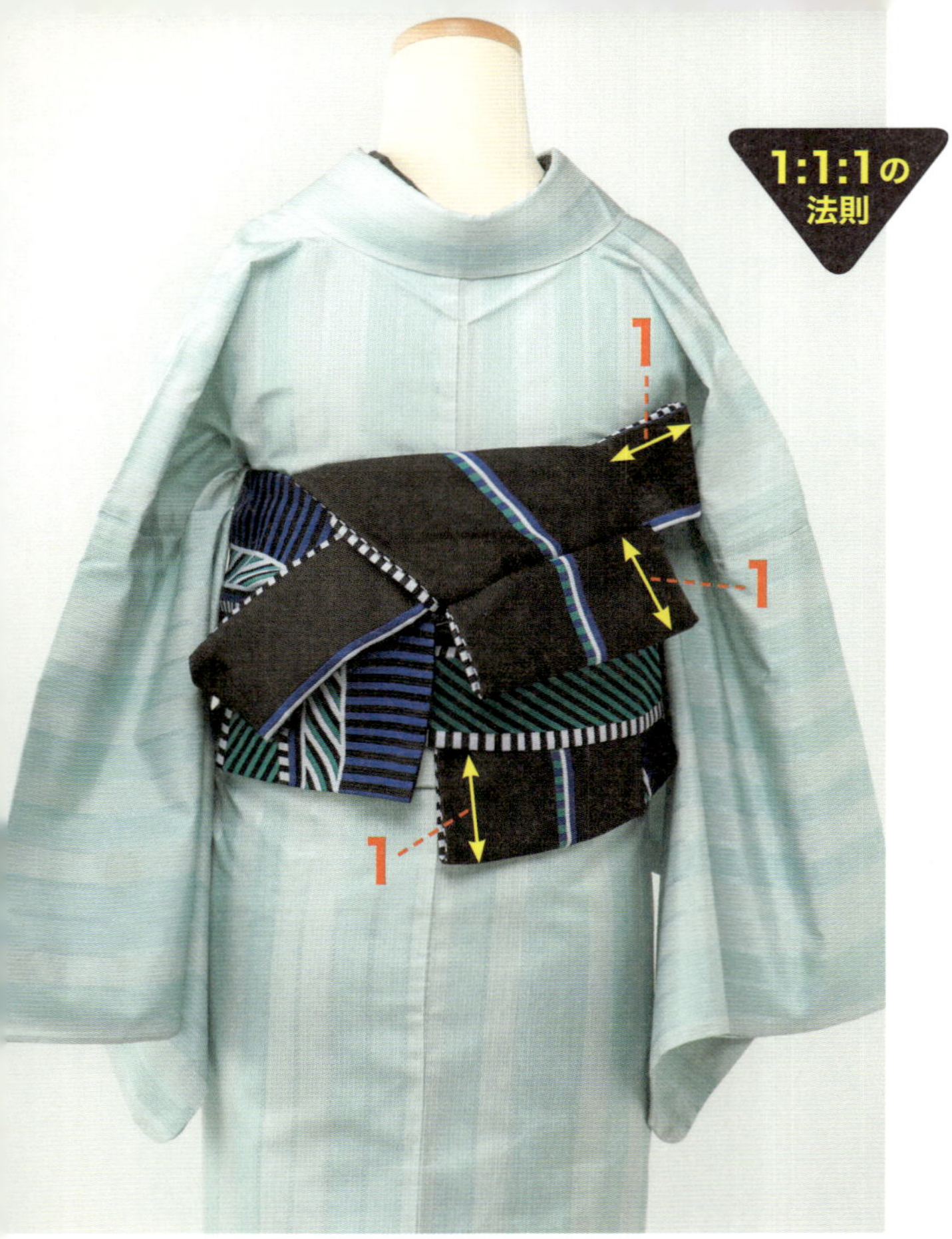

くノ一レイヤー

ひだを一枚プラスするだけで、キリリとしたサムライ系結びが華やかに大変身。ひだを取るにはタレの長さが必要ですが、垂れが短くなりすぎないようにします。４m20cm 以上の長尺の半幅帯に向いています。

テ	4～4.5		
適した長さ	3m60cm以下	４m以下	４m以上
質感	柔らかめ	ふつう	硬め
難易度	★★★★☆		

1

帯を二巻きしてクリップで固定したら、体の近くでタレを上、テが下になるように交差させます。

2

Aを押さえながら、タレ元から折り上げます。

3

足の付け根までタレ先を残して、タレを斜め上に引き上げ、布目に沿って斜めに締めます。

4

結び目の下の二巻き目の上端を内側に折り、フラットになるように整えます。

5

タレ先に合わせて長さを決めたら、余りを外側に折り上げます。折り上げた先端が胴帯の上線から出るのがポイントです。

6

折り上げたタレを、Bから一巻き目と二巻き目の間に入れて下から引き出します。

7

上に残した二重になったタレの外側を折り下げてひだを作ります。

8

タレでできた輪の口に、テ先から入れます。

9

テ先を上に引き抜きます。

10

形を整えて、後ろへ回します。

おしりがすっぽり隠れるし、しっかり結べて粋でカッコいい系やから、わたしもサムライ系ばっかりなんよ〜

p.28 ～ p.38 は
タレを引き抜いて結ぶ帯結びです。

基本型

貝の口

男性の帯結びでも馴染み深い帯結び。垂れがないのでおしり隠しの効果はありませんが、小粋でキリリとした後ろ姿が人気の帯結びです。

テ	4～4.5		
適した長さ	3m60cm以下	4m以下	4m以上
質感	柔らかめ	ふつう	硬め
難易度	★★☆☆☆		

1
帯を二巻きか三巻きしてクリップで固定したら、体の近くでタレを上、テが下になるように交差させます。

2
Aを押さえながら、タレ元から折り上げます。

3
タレを完全に引き抜いて、布目に沿って斜めに締めます。

4
結び目をしごいて整えます。

5
タレを下ろし、胴帯との際《きわ》にシワが寄らないよう、まっすぐに整えます。

6
タレを内側に折り、テとタレの長さを揃えます。

着物／オハラさん私物　帯／榎本株式会社

枝垂れ貝の口

テ先を垂らしただけの簡単アレンジ。テが長すぎた場合でも、結び直すことなくアレンジを楽しむことができます。

テ	4～5		
適した長さ	3m60cm以下	4m以下	4m以上
質感	楽らかめ	ふつう	硬め
難易度	★★☆☆☆		

テ先を下に下ろして、羽根にします。

7 タレを斜め上に折り上げます。

8 タレでできた輪の中に、テ先から入れます。

9 テ先を引き出して形を整え、後ろへ回します。

基本型

吉弥

吉弥は、垂れも斜めに形作るため、1：1：1の黄金バランスに従って作ると、バランスよく結ぶことができます。

テ	4～4.5		
適した長さ	3m60cm以下	4m以下	4m以上
質感	柔らかめ	ふつう	硬め
難易度	★★★☆☆		

1
帯を二巻きか三巻きしてクリップで固定したら、体の近くでタレを上、テが下になるように交差させます。

2
Aを押さえながら、タレ元から折り上げます。

3
完全にタレを引き抜いたら、布目に沿って締めます。

4
結び目をしごいて整えます。

5
タレを真下に下ろし、胴帯との際《きわ》にシワが寄らないようまっすぐに整えます。

6
タレ先を胴帯の下線に合わせて外側に折り上げ、タレ先とタレ下を持ちます。

7

タレ先を持った手はそのままに、タレ下を内側に斜めに折り上げます。

8

折り上げたタレを固定するために、帯板と一緒にクリップでとめます。

9

タレでできた輪の中に、テ先から入れます。

10

テ先を斜めに引き抜きます。

11

テの上に帯締めを通して結びます。

12

形を整えて後ろへ回します。帯締めを整えます。

吉弥テ先開き

吉弥のテの幅を半分に折らず、開いたまま結んだアレンジ結びです。リバーシブルで色柄を楽しめる半幅帯だと変化を楽しめます。

テ	4～4.5		
適した長さ	3m60cm以下	4m以下	4m以上
質感	柔らかめ	ふつう	硬め
難易度	★★★☆☆		

テの幅は半分に折らず、開いたまま巻き始め、吉弥と同じように結びます。

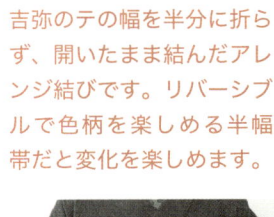

吉弥返し

長いタレを生かした吉弥のアレンジ結び。タレを胴帯に重ねて形作るため、しっとりと落ち着いた印象に見えます。

テ	4～4.5		
適した長さ	3m60cm以下	4m以下	4m以上
質感	柔らかめ	ふつう	硬め
難易度	★★★☆☆		

1 帯を二巻きしてクリップで固定したら、体の近くでタレを上、テが下になるように交差させます。

2 Aを押さえながら、タレ元から折り上げます。

3 完全にタレを引き抜いたら、布目に沿って締めます。

4 結び目をしごいて整えます。

5 タレ先を胴帯の下線に合わせて外側に折り上げます。

6 タレ先と残りのタレの中央あたりを持って、内側に斜めに折り上げます。

7

折り上げたタレを固定するために、帯板と一緒にクリップでとめます。

8

下もクリップでとめておきます。

9

折り上げたところの7のクリップから人差し指一本分をはかり、余りを逆側に折り返します。

10

折り返したタレ先から、輪の中に通し、人差し指一本分を残して引き抜きます。

11

引き抜いたタレ先を人差し指一本分を残して内側に折ります。

12

形が崩れないよう、下につけていたクリップをはずして内側に折ったタレと帯板を一緒にとめておきます。

13

テ先から輪の中に入れたら斜め上に引き抜きます。テ先も一緒にクリップでとめます。

14

テの上に帯締めを通して結び、形を整えて後ろへ回します。帯締めを整えます。

オハラ＊コラム

仕事の合間に着物でパニーノ

教室のある神戸・西元町エリアは、こじんまりとした美味しいお店がたくさんあります。パニーニ専門店「ポルトパニーノ」さんもそのひとつ。ランチに着物でサクッと寄っては、女子トークで一息つくのが至福のとき。

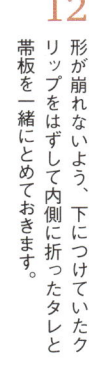

基本型

片ばさみ

江戸時代の武士が袴をつけないスタイルのときに好んで結んだ帯結び。ゆるみにくく、キリリとした後ろ姿が特徴です。本書の中ではいちばん帯が短くても結べる帯結びです。

テ	2.5～3		
適した長さ	3m60cm以下	4m以下	4m以上
質感	柔らかめ	ふつう	硬め
難易度	★☆☆☆☆		

1
帯を二巻きか三巻きしたら、腕をいっぱいに広げた長さを目安にタレの長さを決めて、余りを内側に折ります。

2
体の近くでタレを上、テが下になるように交差させます。

3
Aを押さえながら、タレ元から折り上げます。

4
完全にタレを引き抜き、布目に沿って斜めに締めます。

着物／黒木織物　帯／RICO STYLE

5

結び目をしごいて整えて、タレ元にシワが寄らないようにします。
※写真はわかりやすいようにクリップでとめています。

6

一番外側の胴帯の内側に、タレ先から入れて、下から引き出します。

7

形を整えて、後ろへ回します。

オハラ＊コラム

オハラさんのお稽古着物

40歳半ばを過ぎたころから急に日本文化に興味が湧きはじめ、表千家のお茶のお稽古をゆるゆると楽しく続けています。まったく上達の兆しは見えませんが、"素敵なおばあちゃん計画"の一環として精を出しています。

左／いつもは名古屋帯ですが、ときどき半幅帯でもお稽古に。この日の帯はインドネシア・ジョグジャカルタの更紗の半幅帯を。

右／大好きなカッコよくて粋なコーディネートも、お稽古の日は白半衿に白足袋で、茶席に似合うコーディネート。ラメの着物に、ぺたんこ太鼓を結んで。

上／水屋などで邪魔にならないよう体に沿う帯結びを心がけています。枝垂れくノ一結びはお茶の先生にも褒められた帯結びです。

下／茶室の雰囲気を壊さないよう心がけていますが、シチュエーションに合わせたコーディネートの楽しさと難しさを実感中であります。

基本型

サムライ

テを長く取り、貝の口や矢の字のように上にテ先を出して羽根を作ります。浪人結びとも呼ばれ、上に羽根が出るので華やかに仕上がります。

テ	4～5		
適した長さ	3m60cm以下	4m以下	4m以上
質感	柔らかめ	ふつう	硬め
難易度	★★☆☆☆		

1

帯を二巻きか三巻きしたら、身幅プラス10～15㎝くらいを目安にタレの長さを決めて、余りを内側に折ります。

2

体の近くでタレを上、テが下になるように交差させます。

3

Aを押さえながら、タレ元から折り上げ、完全にタレを引き抜き、布目に沿って斜めに締めます。結び目をしごいて整えます。

枝垂れサムライ

テ先を長めに取って、下に垂らして羽根にした簡単アレンジ。貝の口や矢の字など、テを上に出す帯結びに共通するアレンジです。

テ	4.5～5		
適した長さ	3m60cm以下	4m以下	4m以上
質感	柔らかめ	ふつう	硬め
難易度	★★☆☆☆		

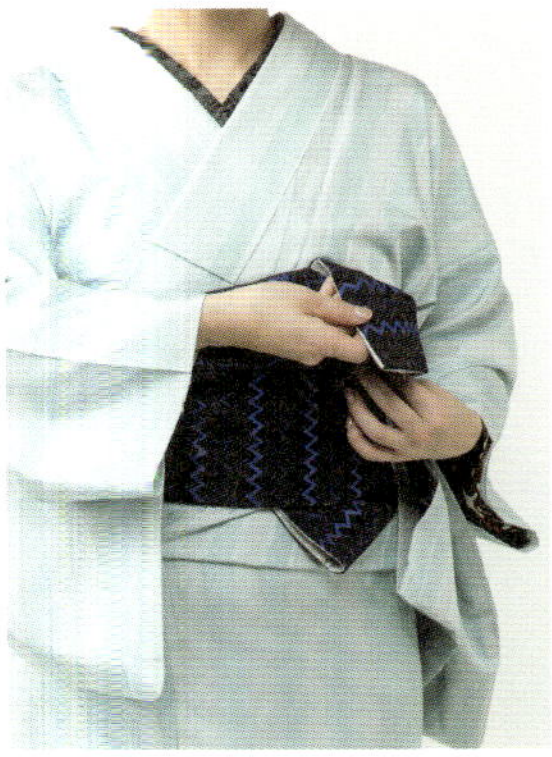

長めのテ先を折り下げて、羽根にします。

4

一番外側の胴帯の内側に、タレ先から入れて、下から引き抜きます。

5

タレでできた輪の中に、テ先から入れて上に引き出し、形を整えて後ろへ回します。

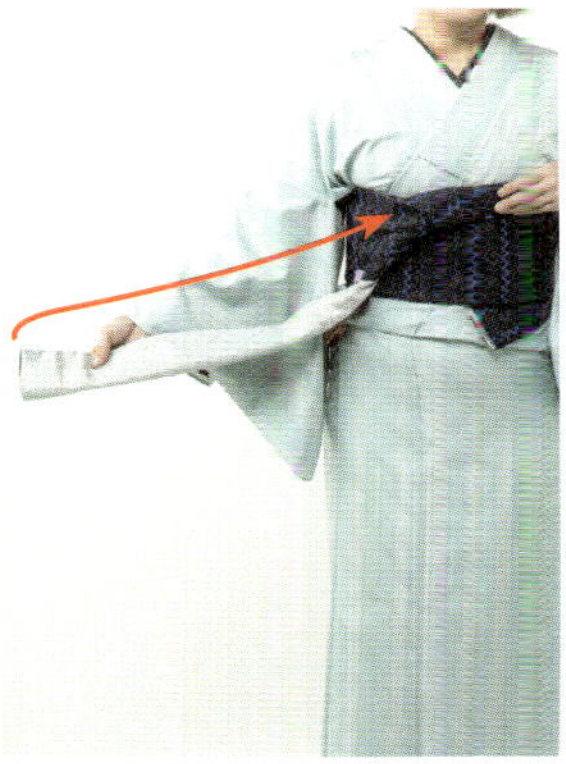

二段のしめ

長く取ったテを折りたたみ、羽根を重ねたサムライのアレンジ。羽根の向きを変えることで、異なる表情を楽しめます。4m30cm以上の長尺の半幅帯に向いています。

テ	10		
適した長さ	3m60cm以下	4m以下	4m以上
質感	柔らかめ	ふつう	硬め
難易度	★★★★☆		

1

帯を二巻きしたら、体の近くでタレを上、テが下になるように交差させます。

2

Aを押さえながら、タレ元から折り上げます。

3

完全にタレを引き抜き、布目に沿って斜めに締めます。

4

結び目をしごいて整えます。

5

タレを下に下ろし、タレ元にシワが寄らないよう整えます。

6

タレを足の付け根から外側に折り上げます。ここが下に出る垂れになります。

7

一巻き目と二巻き目の間に、6で折ったところからタレを入れて、下から斜めに引き抜きます。

8

余ったタレ先を斜めに7の垂れとは逆側に下ろします。

9

テ元から、結び目の流れに沿って、斜めに折り上げます。

10

折り上げたテを、黄金バランスに従って垂れの長さと同じくらいを残して、外側に斜めに折り下げます。さらにやや短めになるよう折り上げます。

11

重なったテ先をテとタレの結び目の輪の中に通して引き抜きます。

12

テで作った羽根を形作り、垂れの流れを左右整えて、後ろへ回します。

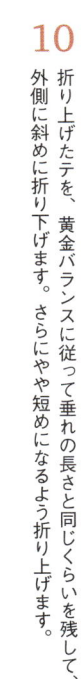

p.40 ～ p.49 は
テとタレを結ばない帯結びです。

基本型

カルタ

テとタレを結ばずに、平面的にたたんで結ぶ帯結び。比較的簡単な帯結びですが、ゆるみがないよう結び、胴帯の下線の際《きわ》からテを折り上げるのがポイントです。

テ	5～6		
適した長さ	3m60cm以下	4m以下	4m以上
質感	柔らかめ	ふつう	硬め
難易度	★★☆☆☆		

1

テの長さを決めたら中央に置き、クリップでとめてから折り下げます。

2

テを下ろしたまま、角がはみ出ないようきっちり胴帯の下線に合わせてタレを体に二巻きから三巻きして締めます。

3

さらに帯を進め、テの端から人差し指一本分のところをクリップでとめておきます。

4

テを胴帯の下線の際《きわ》から上に折り上げます。

5

折り上げたテを写真のように指で帯板と胴帯の間に入れ込みます。テ先から入れるとゆるみの原因になります。

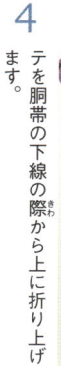

6

片手で胴帯を軽く広げながら、もう片方の手でテを入れ込み、下から完全に引き抜き、軽く引いておきます。

7

3でとめたクリップの位置からタレを逆側に折り返します。

8

テの端から人差し指一本分を残して、余りを逆側に折り返します。

9

左右ともにタレが、テの端から人差し指一本分出るように折りたたみます。

10

テを胴帯の下線の際《きわ》から折り上げます。

5の要領で帯板と胴帯の間にテを入れ込みます。

11

テが短くなるまで胴帯に巻き付けます。

12

下から出たテを胴帯の中に入れて、形を整えて後ろへ回します。

垂れ付きカルタ

テ先をしまいこまず、垂れとして生かしたカルタアレンジ。基本のカルタよりも、おしりが隠れるぶん、小尻効果が狙えます。

テ	6～6.5		
適した長さ	3m60cm以下	4m以下	4m以上
質感	柔らかめ	ふつう	硬め
難易度	★★☆☆☆		

1:1:1の法則

リボンカルタ

タレのたたみ方を変えた、カルタのアレンジ結び。テを下ろしたまま帯を巻き、テを帯板と胴帯の間に入れて下から引き抜くところまでは同じです。

テ	5〜6		
適した長さ	3m60cm以下	4m以下	4m以上
質感	柔らかめ	ふつう	硬め
難易度	★★☆☆☆		

1
カルタの6まで結びます。テの端の際《きわ》からタレを逆側に折り返します。

2
テの端から人差し指一本分を残して、余りを逆側に折り返します。

3
テの端から人差し指一本分を残して、さらに余りを外側に折り返します。

4
テを胴帯の下線の際から折り上げます。

5
帯板と胴帯の間にテを入れ込み、下から引き抜きます。

6
テ先を胴帯の中にしまい、形を整えて後ろへ回します。

垂れ付きリボンカルタ

垂れ付きカルタと同様に、最後にテ先を残すことでおしりが隠れるため、ほっそりとした着姿になります。

テ	6～6.5		
適した長さ	3m60cm以下	4m以下	4m以上
質感	柔らかめ	ふつう	硬め
難易度	★★☆☆☆		

垂れを作る場合は、基本のカルタよりもテは長めに取ります。

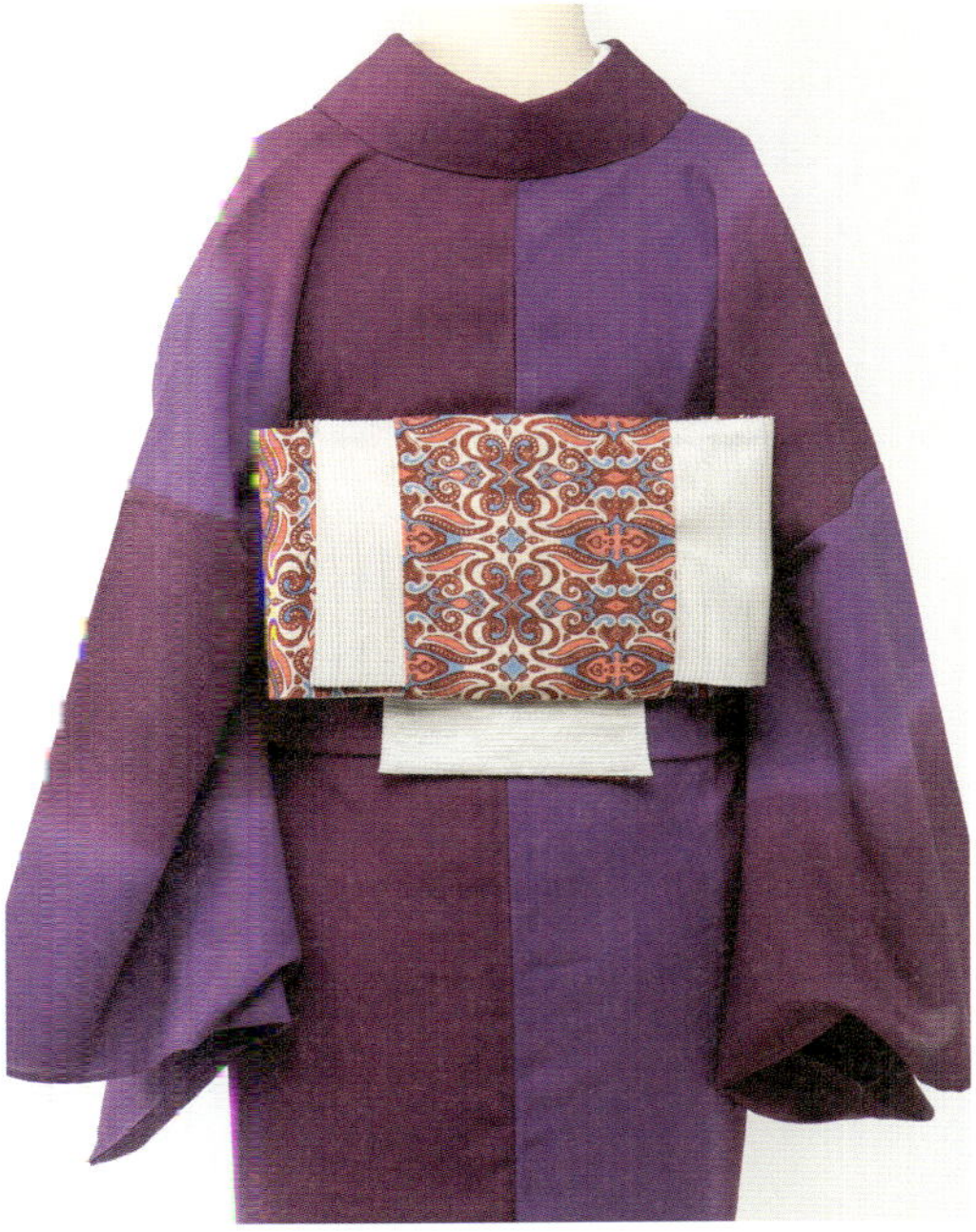

のしカルタ

最後にタレ先を三角形に折るだけの超簡単アレンジ。面で作るカルタは、アレンジがしやすいのが特徴でもあります。

テ	5～6		
適した長さ	3m60cm以下	4m以下	4m以上
質感	柔らかめ	ふつう	硬め
難易度	★★☆☆☆		

リボンカルタの6まで作ったら、最後にタレ先を三角形に折り上げてアクセントにします。

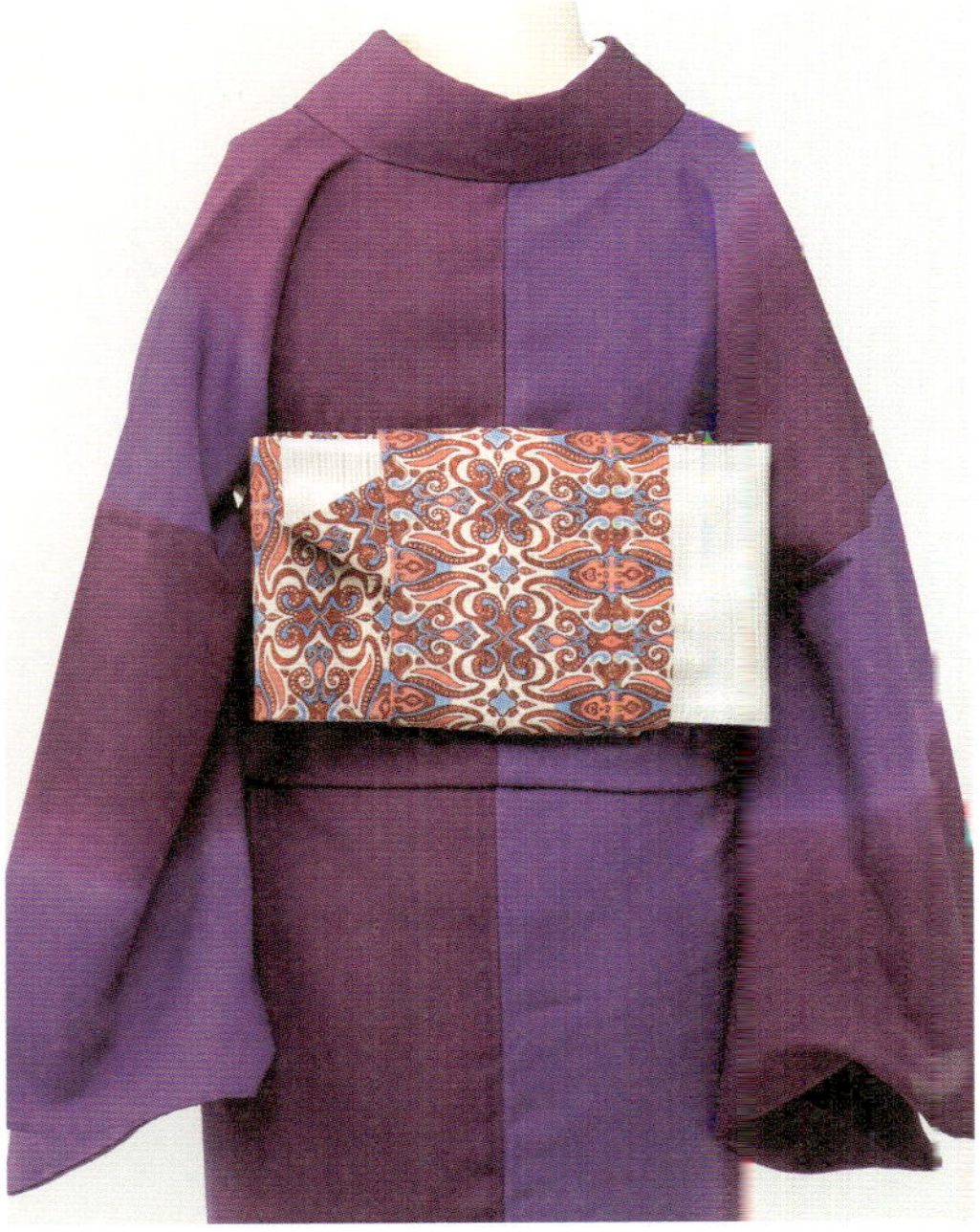

ボウタイリボン

垂れを左右に大きく広げたボリュームのあるカルタアレンジ。一枚の垂れよりも、さらにおしりをしっかり隠すので、ほっそりした着姿に。左右対称に形作ると、バランスよく見えます。

テ	4		
適した長さ	3m60cm以下	4m以下	4m以上
質感	柔らかめ	ふつう	硬め
難易度	★★★☆☆		

1
カルタの3まで結びます。

2
タレをクリップから逆側に折り返し、人差し指一本分のところをクリップでとめます。

3
再びタレをクリップから逆側に折り返します。

4
テに重なるように、タレを折り下げます。きれいに重ねることがポイントです。

5
テと折り下げたタレを、胴帯の下線の際《きわ》から一緒に折り上げます。

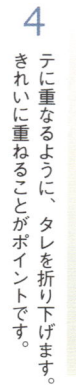

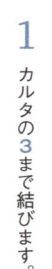

6
折り上げたテとタレを一緒に、帯板と胴帯の間に入れます。

7
テとタレを下から完全に引き抜きます。

8
テを残して、タレを胴帯の下線の際《きわ》から折り上げます。

9
折り上げたタレを帯板と胴帯の間に入れます。

10
タレを下から引き抜きます。

11
重なったテとタレを左右に開き、形を整えて後ろへ回します。

ボウタイリボンレイヤー

タレ先を上から垂らしたアレンジ結び。ボウタイリボンとはタレの処理が異なります。

テ	4		
適した長さ	3m60cm以下	4m以下	4m以上
質感	柔らかめ	ふつう	硬め
難易度	★★★☆☆		

1 ボウタイリボンの7まで結びます。テを残して、タレを内側に折り返します。

2 タレ先から帯板と胴帯の間に入れて、テと同じ長さを残して上から引き出します。

3 タレ先を上から垂らし、テとタレを左右に広げたら、形を整えて後ろへ回します。

ダブルカルタ

カルタを左右に２つ作った個性的なカルタアレンジ。お太鼓結びのようにも見えて、半幅帯でもよそゆき感のあるスタイルです。左右対称に形作ると、バランスよく見えます。

テ	5.5～6		
適した長さ	3m60cm以下	4m以下	4m以上
質感	柔らかめ	ふつう	硬め
難易度	★★★★☆		

1
一つ目のカルタを作るため、右胸の下が中央になるようテ元を置いてクリップでとめます。

2
二巻きします。

3
タレを巻き進め、体の中央（テの端）で帯板と一緒にクリップでとめます。

4
タレをクリップから斜めに折り上げます。

5
折り上げたタレを元から帯板と胴帯の間に入れて、下から引き抜きます。タレ先から入れるとゆるみの原因になります。

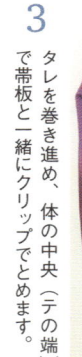

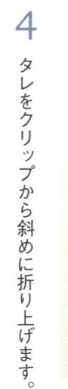

6

再びタレを胴帯の際から折り上げて、同じように帯板と胴帯の間に入れて下から引き抜きます。

7

テを胴帯の下線の際《きわ》から折り上げます。

8

折り上げたテ元から、帯板と胴帯の間に入れて下から引き抜きます。

9

6のタレ先に合わせてもう一度折り上げて巻き付けるか、テ先を内側に折って長さを調整します。

10

形を整えて、後ろへ回します。

ダブルレイヤーカルタ

レイヤーを重ねた華やかなカルタアレンジ。左右対称に、辺の長さを揃えると、バランスよく結ぶことができます。

テ	6.5～7		
適した長さ	3m60cm以下	4m以下	4m以上
質感	柔らかめ	ふつう	硬め
難易度	★★★★★		

1
ダブルカルタと同じように、体の中央に端がくるようにテを置き、クリップで帯板と一緒にとめます。

2
二巻きします。

3
タレを巻き進め、体の中央で帯板と一緒にクリップでとめます。

4
クリップのところから、タレを斜めに折り上げます。

5
折り上げたタレ元から帯板と胴帯の間に入れて、下から完全に引き抜きます。

6

タレを胴帯の下線の際《きわ》から折り上げて、元から帯板と胴帯の間に入れて下から完全に引き抜きます。

7

足の付け根までタレ先を残して、余りを内側に折り上げます。帯板と胴帯の間に手を入れて迎える準備をします。

8

タレ先を上から引き出して、垂らします。

9

テを折り上げて、テ先から帯板と胴帯の間に入れて、完全に下から引き抜きます。

10

テを内側に折り上げて、テ先から帯板と胴帯の間に入れて上から引き抜きます。

11

上から垂らすテ先を残して、余りを折りたたみ、胴帯の中にしまいます。

12

形を整えて、後ろへ回します。

角出し風太鼓

たっぷりとしたボリュームがあるので、小尻効果も狙える、大人っぽいお太鼓系結びです。テとタレは同じ長さに。プロセス1～5の手順がポイントです。

テ	タレと同寸		
適した長さ	3m60cm以下	4m以下	4m以上
質感	柔らかめ	ふつう	硬め
難易度	★★☆☆☆		

1～5の手順で、テとタレはほぼ同じ長さになります

1
帯の長さを半分に折ります。

2
半分に折ったワから身幅をはかります。

3
さらに身幅をはかります。

4
Aを左胸の下に当てます。

5
下側に重なった帯から手を外します。帯板と胴帯の下側を一緒にクリップでとめます。ここがテの元となります。

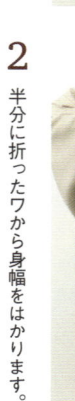

6

クリップからテを斜めに折り上げます。

7

体に二巻きから三巻きしたら、タレを脇から内側に斜めに折り上げます。

8

テを下ろし、タレを上、テを下にして交差させ、ひと結びします。布目に沿って斜めに締めます。

9

テ先とタレ先を少し重ねて一緒にクリップでとめます。

10

胴帯とテ元、タレ元を手のひらで押さえながら、テとタレを折り上げます。

11

胴帯の上側までテとタレを折り上げたら、帯揚げを通して結びます。

12

足の付け根と同じ高さに帯締めを当てます。

13

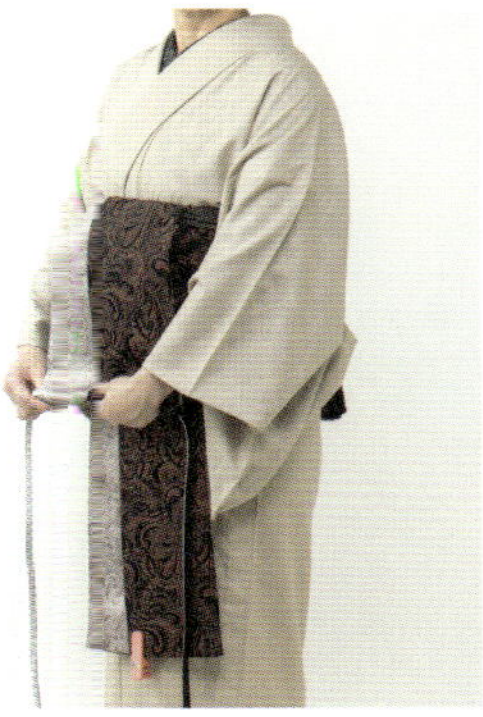

帯締めとテとタレを一緒に持って内側に折ります。

14

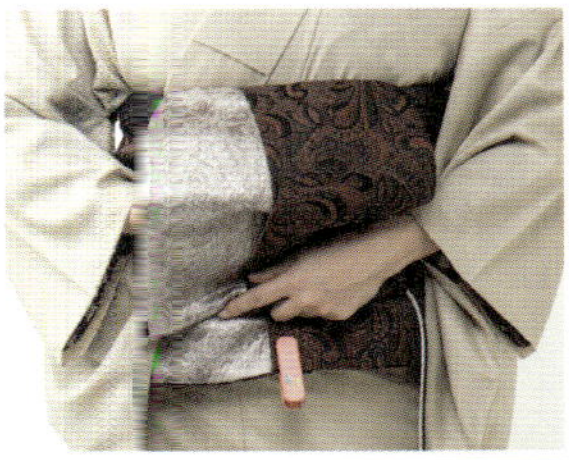

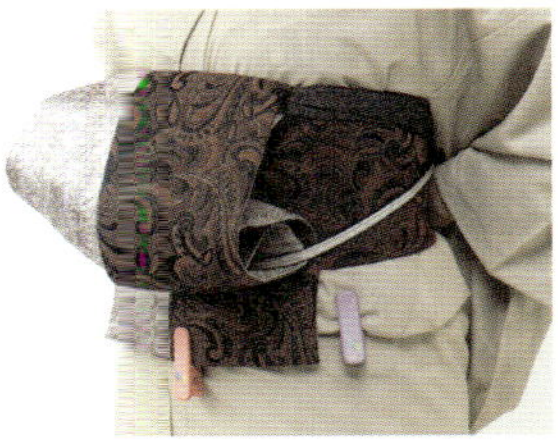

片手で**13**の折ったところを持ったまま、テ先とタレ先が足の付け根までくるよう、もう片方の手で折り上げます。お太鼓の底線を胴帯の下線に合わせて帯締めを結びます。

15

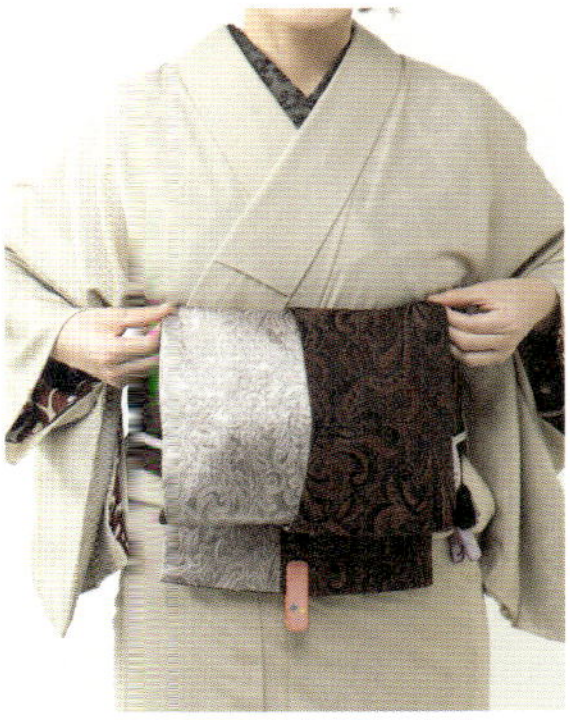

形を整えて後ろへ回し、帯締めと帯揚げを整えます。

ぺたんこ太鼓

リバーシブルならではのコントラストも楽しめる、ぺたんこ系とお太鼓系のいいとこ取りをした帯結びアレンジです。

テ	5		
適した長さ	3m60cm以下	4m以下	4m以上
質感	柔らかめ	ふつう	硬め
難易度	★★★☆☆		

1
帯を二巻きしてクリップで固定したら、タレを脇から内側に斜めに折り上げます。

2
テを上、タレを下に交差させます。

3
テをタレ元の下から逆側へ運びます。

4
ゆるまないよう、テを帯板と胴帯と一緒にクリップでとめておきます。

5
下側も同様に、クリップでしっかりととめておきます。

6
タレを写真のように二ケ所持ちます。

ぺたんこ太鼓Ⅱ

テを斜めに折り下げたぺたんこ太鼓のアレンジ結び。ぺたんこ太鼓の10まで結んでから始めます。

テ	5		
適した長さ	3m60cm以下	4m以下	4m以上
質感	柔らかめ	ふつう	硬め
難易度	★★★☆☆		

1
二重に重なったタレの外側と内側の間に、テ先から入れます。

2
テを脇から斜めに折り下げて整えます。

7
帯を胴帯の上まで折り上げます。

8
二枚に重なったタレの内側に帯揚げを通して結びます。

9
タレの重なりを整えてから、一番下のタレ先と一緒にクリップでとめます。

10
お太鼓を作る要領で、タレ先が足の付け根までくるよう、お太鼓の底線をおへそのあたりに決めて帯を折り上げます。

11
折り上げたタレを片手で押さえたまま、テをとめていたクリップを外します。

12
テ先からタレの中に入れます。

13
テを通したら、半分に折った帯締めを通して結びます。

14
形を整えて後ろへ回し、クリップを外して、帯揚げと帯締めを整えます。

文庫リボン

大きな羽根を左右に出した形は、まるでキャンディーのよう。小尻効果と大人可愛い雰囲気を楽しめます。

テ	6～7		
適した長さ	3m60cm以下	4m以下	4m以上
質感	柔らかめ	ふつう	硬め
難易度	★★★☆☆		

1

帯を二巻きしてクリップで固定したら、タレを脇から内側に斜めに折り上げて、タレを上、テを下に交差させます。

2

体の近くでテとタレをひと結びして、布目に沿って斜めに締めます。

3

タレを肩に預けます。テを結び目の際《きわ》からしっかりと幅を広げます。

4

テ元を折り上げて、手幅ひとつ分を目安に外側に折り返して羽根を作ります。

5

反対側も同様に手幅ひとつ分外側に折り返します。このときテ先が反対側の羽根にかかっているのが大切です。

6

一つ山ひだを取ります。

7

肩に預けておいたタレを羽根の上に下ろします。タレの両端を折って幅を狭くします。

8

羽根の下からタレをくぐらせて上に引き抜いて締めます。もう一度くぐらせて締めます。

9

見せたい面をここで調整して、タレ先を外側に折り上げて、羽根の下にくぐらせます。

10

タレ先が足の付け根にくるよう、斜めに引き抜きます。

11

タレを斜め反対側に下ろします。帯締めを当てます。

12

左右の垂れが同じ長さになるようタレを持ち上げてお太鼓を作り、帯締めを結びます。

13

形を整えて後ろへ回し、帯締めを整えます。

半幅角出し

結び目を下に作り、角出し風に結ぶお太鼓系アレンジ。カジュアルなパーティーにもおすすめの華やかなスタイルです。

テ	6～7		
適した長さ	3m60cm以下	4m以下	4m以上
質感	柔らかめ	ふつう	硬め
難易度	★★★★☆		

1
帯を二巻きしたら、タレを脇から斜め内側に折り下げます。テを上、タレを下に交差させます。

2
テとタレを胴帯の下側でひと結びします。布目に沿って斜めに締めます。

3
テを結び目の際《きわ》から反対側へ運びます。

4
手幅ひとつ分を目安にテを反対側へ折り返します。

5
一つ山ひだを取って、羽根を作ります。

6
タレを結び目の際《きわ》から幅を半分に折ります。

7

幅を半分に折ったタレを結び目の際《きわ》から折り上げて、羽根の下にタレ元から入れて、完全に下に引き抜きます。タレ先から入れるとゆるみの原因になります。

8

タレを羽根に二巻きしたら、タレ先を帯板と胴帯の間に入れます。

9

足の付け根までタレ先がくるように引き抜いたら、二重に重なったタレをずらしながら折り上げます。

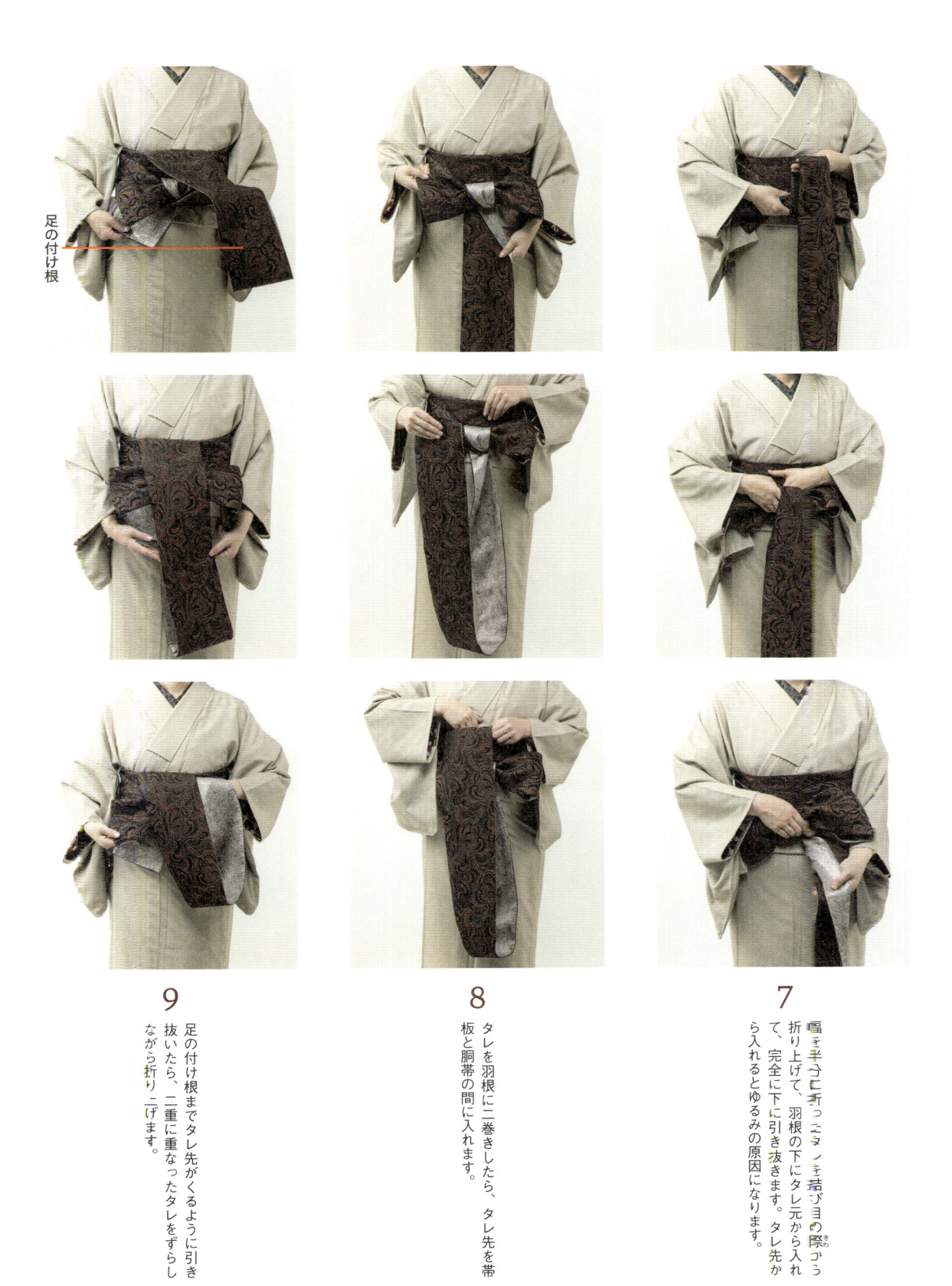

10
折り上げたタレの内側に帯揚げを通して結びます。

11
タレの外側に帯締めを当てます。

12
左右の垂れが同じ長さになるように、帯締めと一緒にタレを持ち上げて、結びます。

13
形を整えて後ろへ回し、帯揚げと帯締めを整えます。

オハラ＊コラム

ご近所飲みは洋服感覚の着物が定番スタイル

仕事終わりに立ち寄るワインバー「ヴィーニュ」さん。素敵なマスターとママにはとってもお世話になっています。プライベートでは洋服の方とご一緒することが多いのですが、気をつけていることは「気を使わせない」こと。いかにもという着物を着ていると、汚しちゃったらどうしようなどと相手の方に余計な気を使わせてしまうし、せっかくのお酒も楽しめないので、洋服感覚のシンプルコーデを心がけています。「気取らず、気張らず、ちょっぴりオシャレに」がオハラ流ふだん着物のモットーなのでございます。

張りのある素材で作る

大人の兵児帯結び

ふんわりと柔らかな兵児帯《へこ》は可愛らしさが表立ちますが、張りのある素材の兵児帯ならば、柔らかな名古屋帯の感覚で、大人っぽく結ぶことができます。名古屋帯よりもカジュアルに、半幅帯よりもよそゆき感覚で結べる兵児帯結びをご紹介します。

張りのある素材なら
大人カッコいい
兵児帯に！

Point

大人の兵児帯は「張り」がポイントです

兵児帯と聞くと、ふわふわとした柔らかな素材を連想しますが、最近は張りのある兵児帯が増え、芯のない名古屋帯や、柔らかな八寸帯の感覚で締められるようになりました。またこれまでポリエステルがメインでしたが、正絹や夏用の透け感のある素材なども登場。あくまでもカジュアルですが、幅広いラインナップで、用途に合わせて選べるようになっています。

持ったときに、角がピンと立つくらいの張りがちょうどええよ！

シワになりにくい兵児帯は、旅行にもおすすめです。
（上）大人カッコいい兵児帯。一年中締められます。兵児帯ともに／RICO STYLE
（左上）博多織の兵児帯。兵児帯／黒木織物
（左下）夏用の麻混の正絹素材。兵児帯ともに／Kimono Factory nono

基本型

文庫角出し

テとタレの結び目を下に作ることで、羽根が下方向を向き、より粋な雰囲気になります。最後に帯を後ろへ回すときは、崩れやすいため、p.16を参考に、必ず帯結びの上下をクリップでとめてから回します。

テ	7	
適した長さ	3m50cm以下	4m以下	4m以上
質感	柔らかめ	ふつう	硬め
難易度	★★★☆☆		

1

テの幅を半分に折った[illegible]長[illegible]帯板と一緒にクリップでとめてから折り下げ、巻き始めます。

2

二巻きしたら、タレを脇から斜め内側に折り下げます。

3

体の近くでテを上、タレを下に交差させ、胴帯の下側でひと結びします。

4

布目に沿って締めます。結び目は胴帯の下側になります。

5

テとタレをそれぞれ反対側へ運びます。

6

テを結び目の際《きわ》から帯幅の半分の広さに幅を広げます。

7

手幅ひとつ分を目安にテを外側に折り返して羽根を作ります。

8

反対側も同様に外側に折り返して羽根を作ります。テ先が反対側の羽根にかかっていることが大切です。

9

羽根に一つ山ひだを取ります。

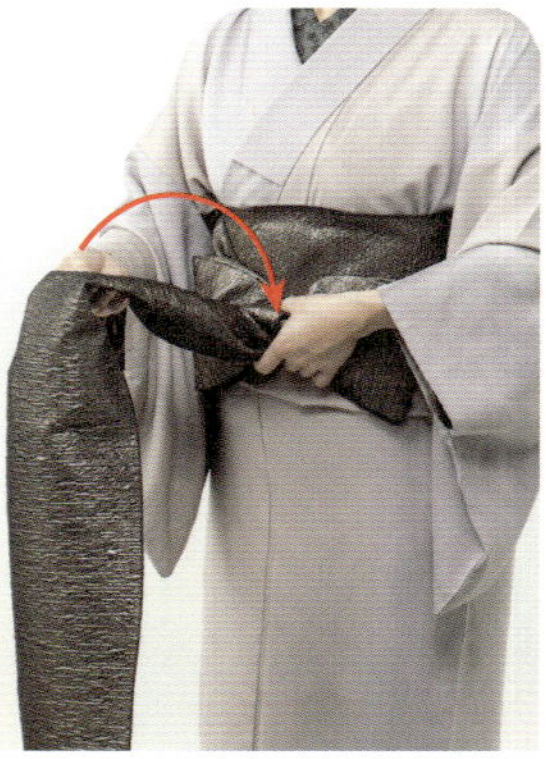

10

タレを折り上げて、タレ元から羽根にかぶせて、上から下にくぐらせて締めます。

11

羽根を整えます。

12

タレを結び目の際《きわ》から幅を広げます。

13

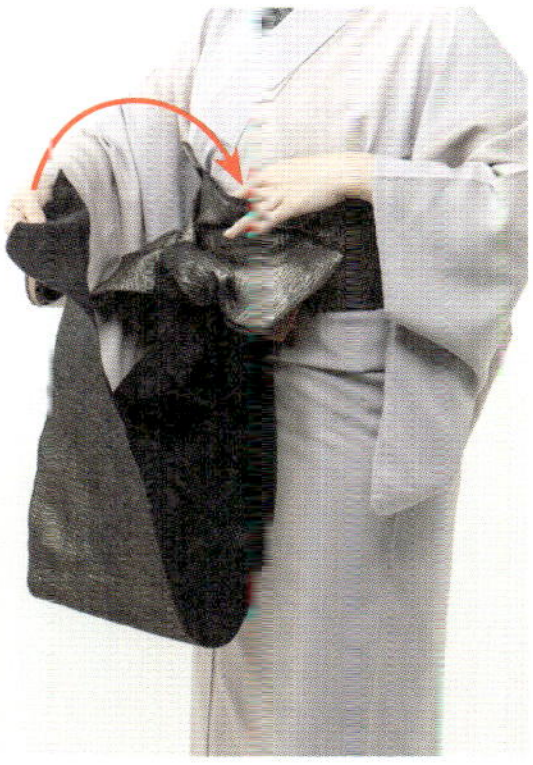

タレ先から、帯板と胴帯の間に入れます。

14

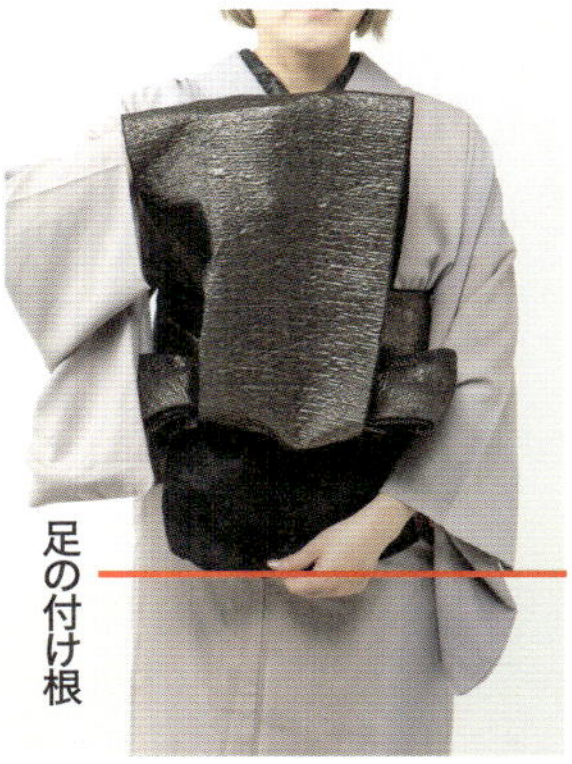

タレ先が足の付け根にくるまで引き抜きます。

15

お太鼓の山をまっすぐに整えます。

16

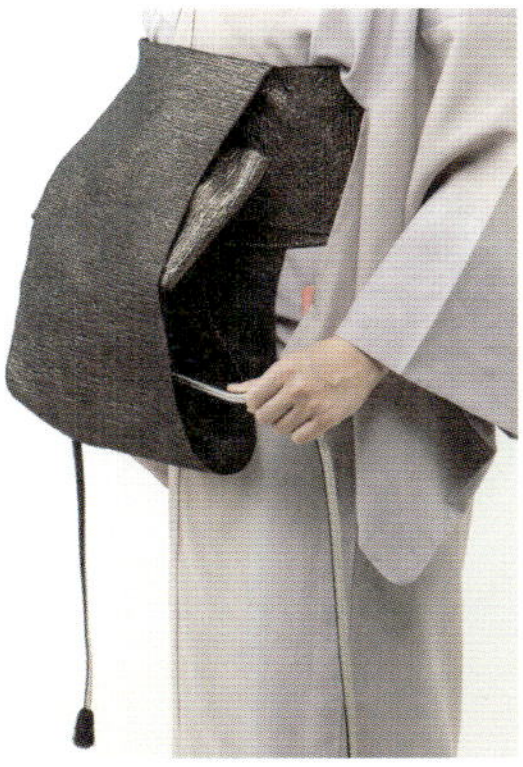

帯締めをお太鼓の中に通します。

17

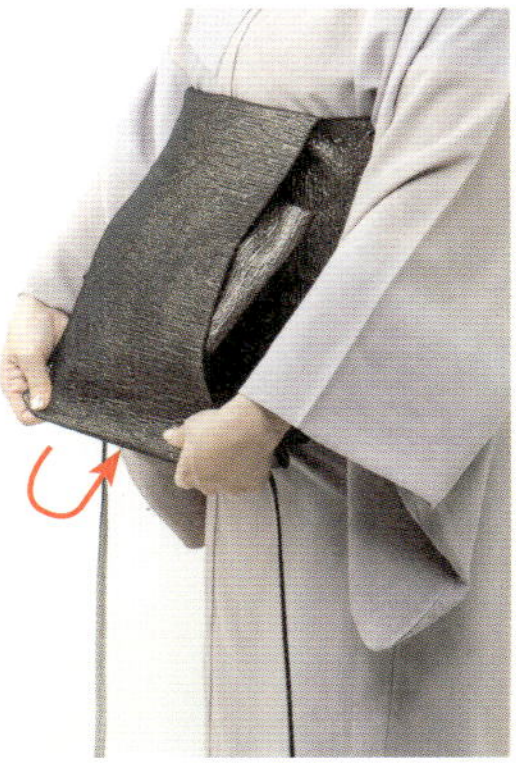

足の付け根の位置で、帯締めをお太鼓に当てます。

18

帯を折り上げて、お太鼓を作ります。

19

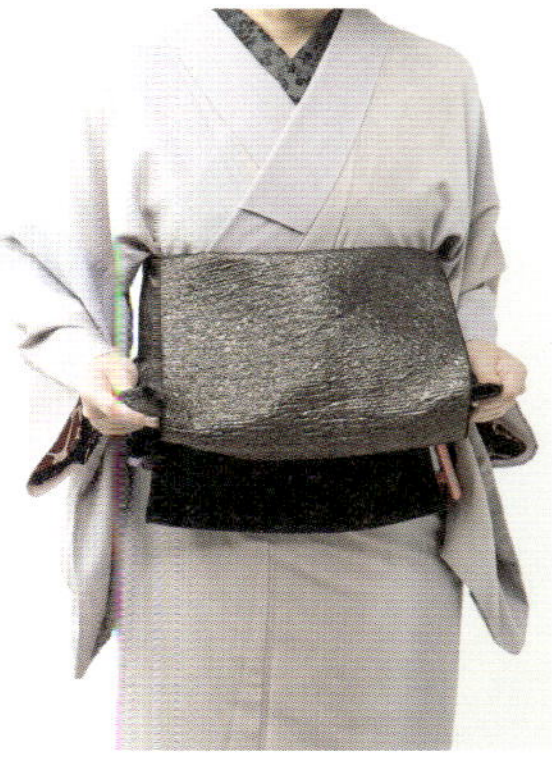

帯締めを結び、形を整えて、後ろへ回します。帯締めを整えます。

オハラ＊コラム

ひとり飲み。旅プランを練るのが至福の時間

ひとり飲みを満喫する日は兵児帯で文庫角出しに。近所にあるフランス惣菜とワインをいただける「マメナカネ惣菜店」さんは、旅好きなワタクシの妄想を掻き立てるお気に入りのお店。ワイン片手に旅行プランを練っております。

レイヤー文庫角出し

お太鼓を作る際、余った帯を上に羽根として出した、文庫角出しのアレンジ結びです。最後に帯を後ろへ回すときは、崩れやすいため、p.16 を参考に、必ず帯結びの上下をクリップでとめてから回します。

テ	7		
適した長さ	3m60cm以下	4m以下	4m以上
質感	柔らかめ	ふつう	硬め
難易度	★★★☆☆		

1
基本の文庫角出しの15まで結びます。

2
お太鼓の大きさを決めて、余った帯を上に持ち上げます。

3
胴帯の上線に合わせて帯揚げを当てて、結びます。

4
余った帯を下に垂らします。

5
お太鼓の底線に帯締めを当てて、折り上げて結びます。

6
形を整えて、後ろへ回します。

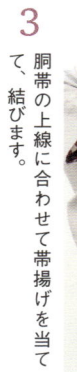

レイヤー文庫角出しⅡ

余った帯をお太鼓の下に出した、レイヤー文庫角出しのアレンジ結び。最後に帯を後ろへ回すときは、崩れやすいため、p.16 を参考に、必ず帯結びの上下をクリップでとめてから回します。

テ	7		
適した長さ	3m60cm以下	4m以下	4m以上
質感	柔らかめ	ふつう	硬め
難易度	★★★☆☆		

1

文庫角出しの15まで結びます。お太鼓の大きさを決めたら、お太鼓の底線に帯締めを当てます。

2

帯締めごと帯を持ち上げてお太鼓を作り、帯締めを結びます。

3

余った帯は折り上げず、下から飾り羽根として出します。

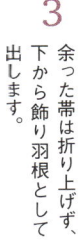

トライアングル

タレをねじることで、デコラティブな表面のお太鼓に。最後に帯を後ろへ回すときは、崩れやすいため、p.16を参考に、必ず帯結びの上下をクリップでとめてから回します。

テ	7	
適した長さ	3m60cm以下	4m以下	4m以上
質感	柔らかめ	ふつう	硬め
難易度	★★★☆☆		

1 文庫角出しの11まで結びます。

2 結び目の際《きわ》からタレ幅を広げて、タレ先を持ちます。

3 タレをねじります。

4 帯板と胴帯の間に、タレ先から入れて、下から出します。

5 タレ先が足の付け根にくるまで引き出します。

6

お太鼓の山と底線を整えます。

7

お太鼓の底線に帯締めを通します。帯ごと帯締めを持ち上げて、お太鼓を作ります。帯締めを結びます。

8

形を整えて、後ろへ回します。

帯を後ろへ回すときは、p.16のテクニックで紹介したように、必ずクリップで上下をとめておくのが型崩れを防ぐポイントやねん。とくに垂れを作る帯結びや兵児帯で結ぶ文庫系は必須！　最後にクリップを外すのを忘れずに

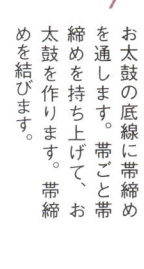

メビウス

テとタレの重ね方と、お太鼓の作り方を変えた、トライアングルのアレンジ結びです。最後に帯を後ろへ回すときは、崩れやすいため、p.16を参考に、必ず帯結びの上下をクリップでとめてから回します。

テ	7		
適した長さ	3m60cm以下	4m以下	4m以上
質感	柔らかめ	ふつう	硬め
難易度	★★★☆☆		

1
帯を二巻きから三巻きしたら、体の近くでタレを上、テを下に交差させます。

2
タレをテの下からくぐらせて、胴帯の下側でひと結びします。

3
テとタレを布目に沿って締めたら、それぞれ回転させます。タレは肩に預けます。

4
テを結び目の際《きわ》から反対側へ運びます。

5
手幅ひとつ分を目安に、テを外側に折り返して羽根にします。

6
反対側も外側に折り返して、同じ長さの羽根を作ります。テ先は反対側の羽根にかかっていることが大切です。

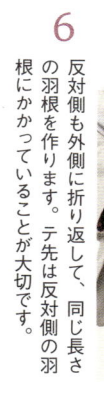

7

羽根に一つ山ひだを取ります。

8

肩に預けておいたタレを、羽根の上にかぶせ下ろします。

9

羽根の下から上にタレ元からくぐらせて、完全に上から引き抜いて締めます。

10

タレを結び目の際《きわ》から幅を広げます。

11

タレ先を持ってねじります。

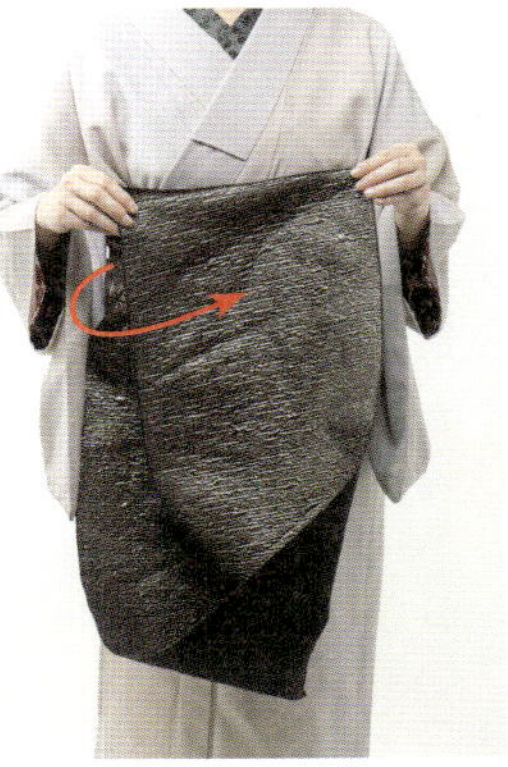

12

タレ先から帯板と胴帯の間に入れます。タレ先が足の付け根にくるまで引き出します。

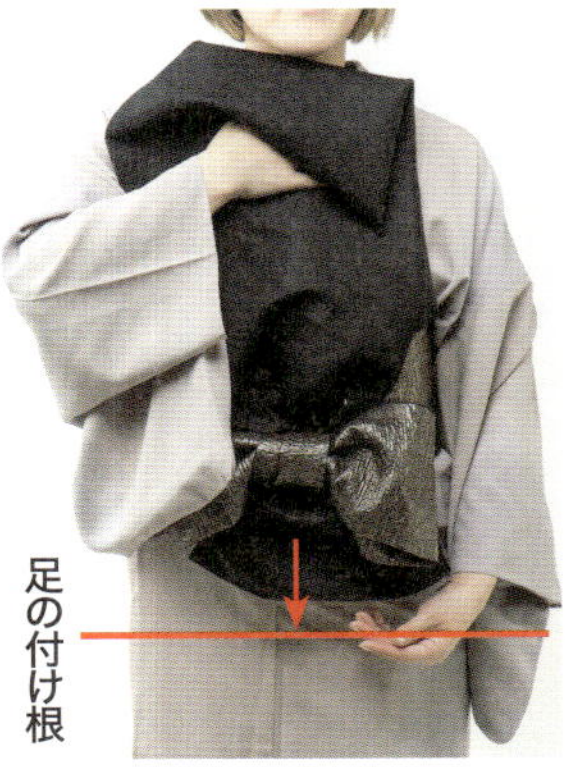

13

お太鼓の中に帯締めを通し、足の付け根と同じ高さに帯締めを当てます。

14

帯ごと帯締めを持ち上げてお太鼓を作り、帯締めを結びます。

15

形を整えて後ろへ回し帯締めを整えます。

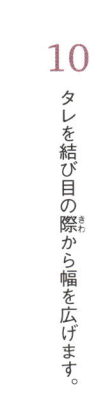

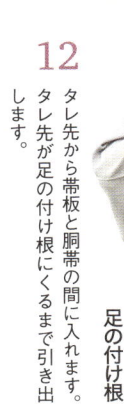

中央がゴムで３股に分かれた三重仮紐。それぞれに帯を通して羽根やひだを作ります。本書では体に近い側のゴムから１本目、２本目、３本目とします。

ハーフレイヤー

テとタレで幾重にも羽根を作ってボリュームを出します。柔らかめの兵児帯を使うと可愛らしい雰囲気に。

テ	6		
適した長さ	3m60cm以下	4m以下	4m以上
質感	柔らかめ	ふつう	硬め
難易度	★★★☆☆		

1
帯を二巻きしたら、体の近くでテが上、タレが下になるように交差させます。

2
テをタレの下からくぐらせて、ひと結びします。

3
胴帯の上側に結び目を作り、布目に沿って締めます。

4
結び目の上に三重仮紐を結びます。３股に分かれたゴムが前にくるようにします。

5
タレ元から手幅ひとつ分のところを折り上げます。

着物／榎本株式会社　兵児帯・小物／RICO STYLE

6

一本目を残して、5の羽根を2本目と3本目に下からくぐらせます。さらに手幅ひとつ分をはかります。

7

6ではかったところを逆側に折り上げて羽根を作ります。

8

3本目に羽根をくぐらせます。

9

羽根を下に垂らします。テをワを下にして半分の幅に折ります。

10

テを帯の上線に沿わせます。

11

テを身幅分取り、余りを折り返します。

12

1本目に、11を上からくぐらせて下から出します。

13

羽根の形を整えます。

14

タレ元から帯幅を広げて、足の付け根よりもやや下の位置で、帯締めを当てます。

15

帯ごと帯締めを帯幅の口元で持ち上げて足の付け根ラインで垂れを作り、帯締めを結びます。

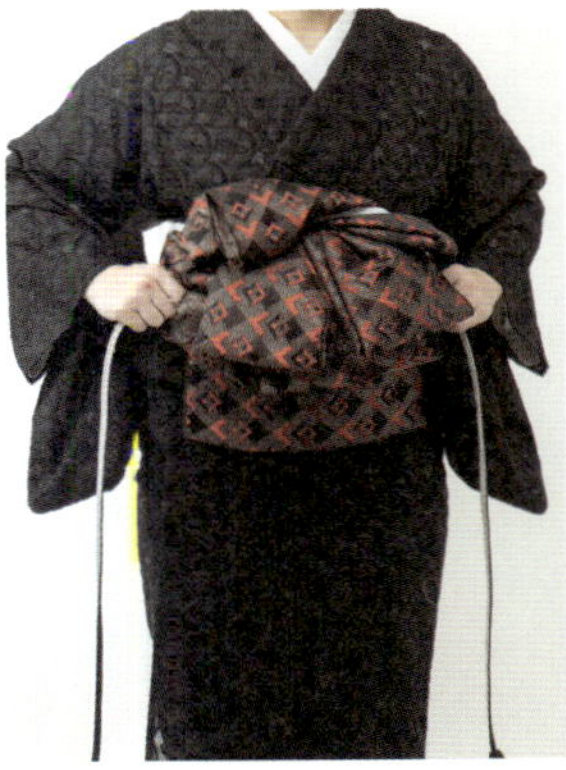

16

形を整えて後ろへ回し、帯締めを整えます。

レイヤーリボン

重ねる羽根の角度をそれぞれ変えることで、異なる表情を楽しめます。最後に帯を後ろへ回すときは、崩れやすいため、p.16 を参考に、必ず帯結びの上下をクリップでとめてから回します。

テ	5		
適した長さ	3m60cm以下	4m以下	4m以上
質感	柔らかめ	ふつう	硬め
難易度	★★★☆☆		

1

帯を二巻きしたら、体の近くでタレが上、テを下にして交差させます。

2

タレをテの下からくぐらせて、胴帯の上側でひと結びします。

3

テとタレを縦にします。

4

タレを結び目の際《きわ》から幅を広げます。手幅ひとつ分をはかります。

5

4で決めたところを折り上げます。

6

折り上げたタレに、胴帯の上線の位置に合わせて三重仮紐を当てて結びます。

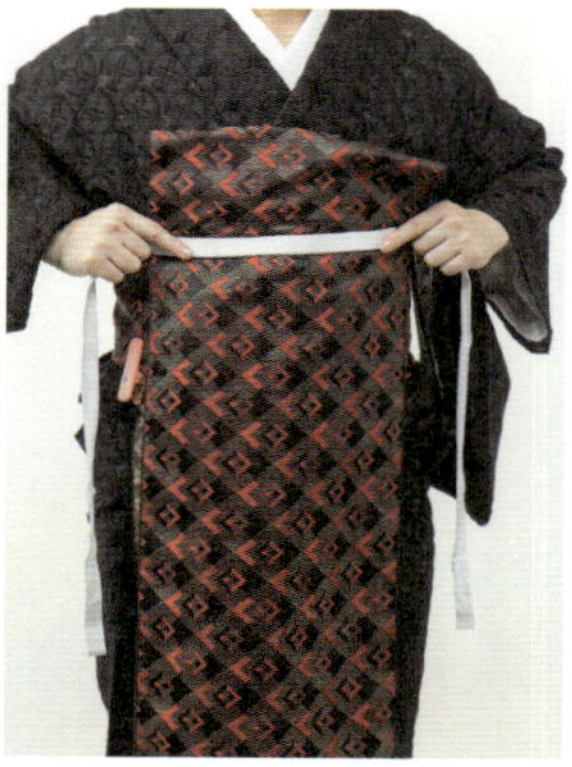

7

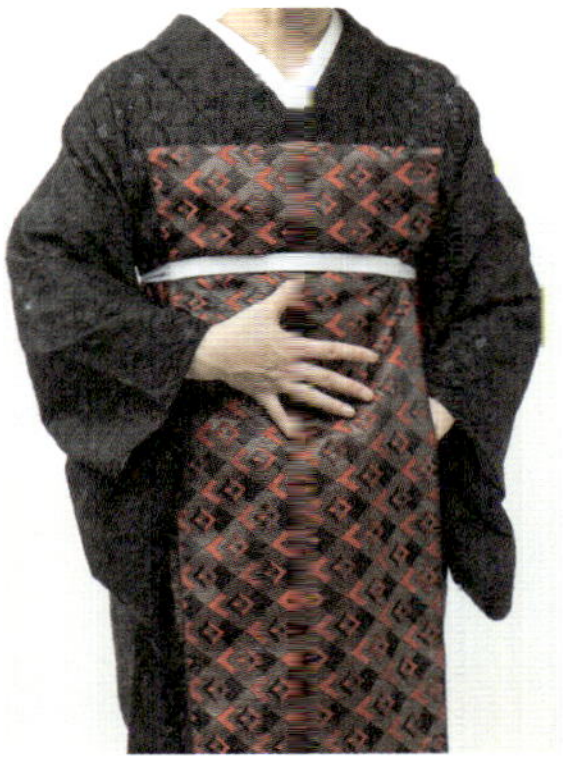

4よりもやや大きめに、手幅ひとつ分強をはかります。

8

タレを内側に折ります。

9

2本目と3本目に8を通します。

10

テの幅を、ワを下にして半分に折ります。三重仮紐に折り重ねます。
※写真ではわかりやすいようにタレを衿にとめています。

11

テ先を3本目に通します。

12

残りのテ元を2本目に下から通します。

13

羽根を整えます。

14

タレの内側に帯締めを通して、足の付け根あたりで帯に当てます。

15

帯締めと帯を一緒に持ちながら、帯を内側に折り上げてお太鼓を作ります。

16

タレ先を足の付け根に合わせたら、帯締めを結びます。形を整えて後ろへ回し、帯締めを整えます。

レイヤーバタフライ

羽根を放射状に広げます。まるでラッピングのリボンのような豪華な帯結びです。最後に帯を後ろへ回すときは、崩れやすいため、p.16を参考に、必ず帯結びの上下をクリップでとめてから回します。

テ	9		
適した長さ	3m60cm以下	4m以下	4m以上
質感	柔らかめ	ふつう	硬め
難易度	★★★☆☆		

1

帯を二巻きしたら、体の近くでタレを上、テを下にして交差させます。

2

タレをテの下からくぐらせて、胴帯の上側でひと結びします。

3

タレを結び目の際《きわ》から半分の幅に整えます。

4

タレ元から手幅ひとつ分を目安にはかります。

5

4ではかったところを折り上げます。

6

折り上げたタレの上に三重仮紐を結びます。

7

さらに手幅ひとつ分をはかり、逆側に折り上げて、2本目と3本目を一緒に持ち、下からくぐらせます。

8

テ元から幅を半分に折ります。

※写真ではわかりやすいようにタレを衿にとめています。

9

テを左胸に向けて、斜め上に折り上げます。

10

1本目に下からくぐらせます。

11

残りのテを、9の羽根と同じくらいの長さになるよう、逆側に折り上げます。

12

2本目に11をくぐらせます。

13

羽根を整えます。

14

残りのテを折り上げて、2本目にくぐらせます。羽根は全部で4枚できます。

15

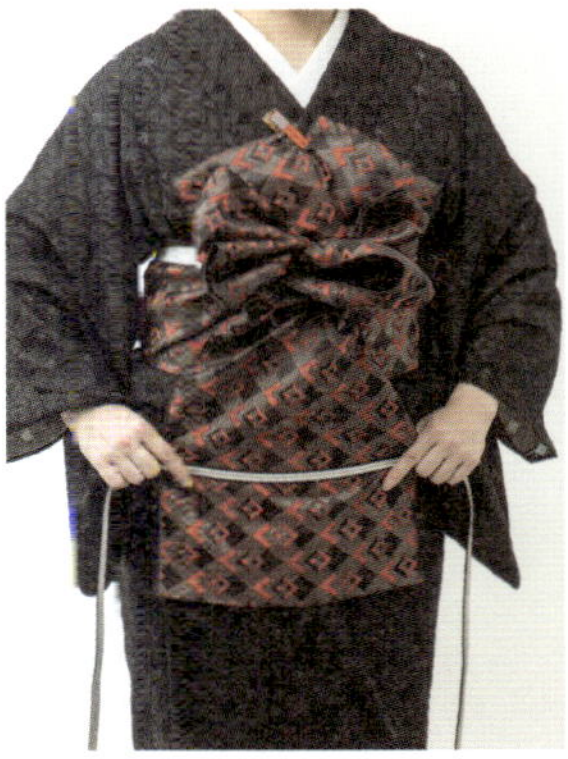

タレ元から幅を広げます。足の付け根の位置で帯締めを当てます。

16

帯ごと帯締めを持ち上げて、タレ先を足の付け根に合わせてお太鼓を作ります。

17

帯締めを結び、形を整えて後ろへ回し、帯締めを整えます。

クロワッサン

コロンとした形が可愛らしい帯結び。横幅があるので、背中が華奢に見えます。最後に帯を後ろへ回すときは、崩れやすいため、p.16を参考に、必ず帯結びの上下をクリップでとめてから回します。

テ	9		
適した長さ	3m60cm以下	4m以下	4m以上
質感	柔らかめ	ふつう	硬め
難易度	★★★★☆		

1
帯を二巻きしたら、体の近くでタレを上、テを下にして交差させます。

2
タレをテの下からくぐらせてひと結びしたら、タレを肩に預け、胴帯の上線の位置で、タレの上に三重仮紐を結びます。

3
テ元から手幅ひとつ分を目安にはかります。

4
3ではかったところから斜め上に折り上げて羽根を作り、2本目に下からくぐらせます。

5
残りのテで逆側に、4と同じ長さの羽根を作ります。

6
5の羽根を3本目に下からくぐらせます。

7
残りのテを左右同じ長さになるよう逆側に折り返します。

8
テ先を2本目の下からくぐらせます。羽根は4枚できます。

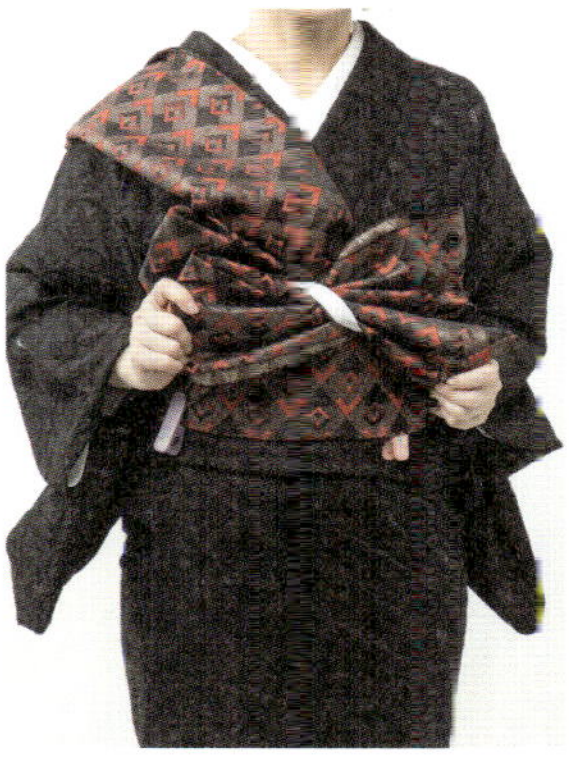

9
肩に預けておいたタレを羽根の上にかぶせ下ろします。上部にひだができるよう重なりを残しながら幅を広げます。

10
タレ先にひだを取り、クリップでとめておきます。

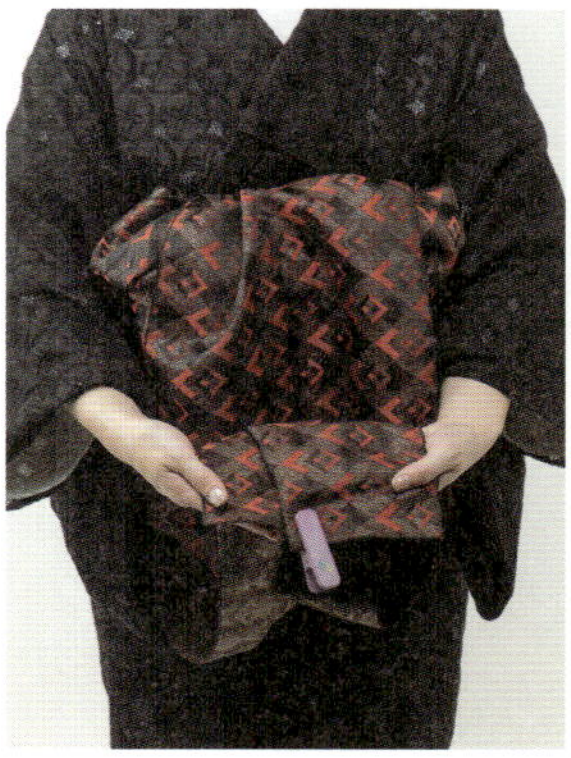

11
タレ先を足の付け根に合わせます。

12
タレを内側に折り上げます。

13
お太鼓を作ったら、余ったタレは内側にしまわず表に出しておきます。

14
余ったタレに帯締めを当てて結びます。

15
形を整えて後ろへ回し、帯締めを整えます。

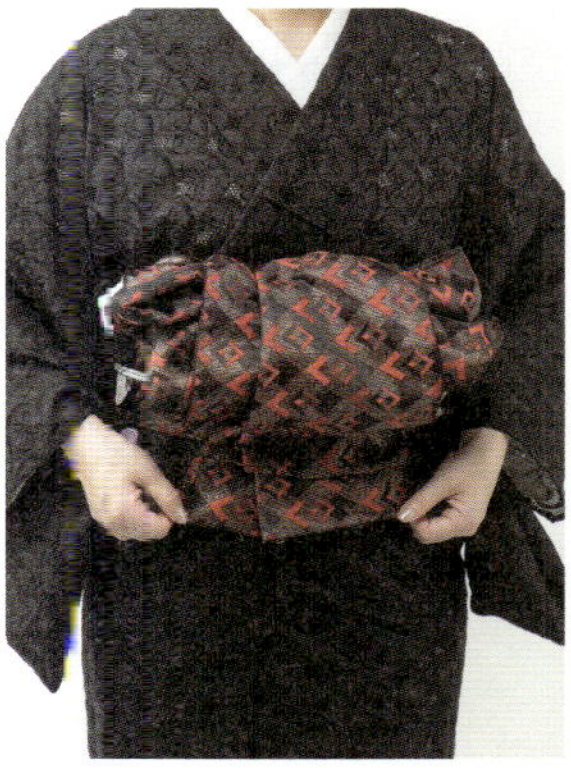

ポイントさえ押さえれば

誰でも必ず着痩せする

ほっそり見える
着物と浴衣の着付け

着方ひとつで下半身スッキリ！
背中も華奢に見えるオハラ流の着付けなら、
誰でも必ず着痩せします。
80ページから紹介する
5つの着痩せテクニックのほかにも、
衣紋の抜き加減や伊達締めの処理などの、
ほっそりPointを意識するだけで、
劇的に着付けが変化し、
スッキリとほっそりした着姿に
着付けることができます。

ほっそりpoint
おはしょりの処理

ほっそりpoint
下前の褄上げ

伊達締めの結び目
ほっそりpoint

ほっそり見える5つの着痩せテクニック

「着物は太って見える！」と思っていませんか。
そんな人にこそおすすめしたい
ほっそり見える５つの着痩せテクニック。
体型コンプレックスだらけのオハラさんが
普段から実践している着痩せ着付けをご紹介します。

Q 下半身がほっそり見えるのはどちらでしょう？

Technic 1

下前の褄上げで下半身痩せ

正解は左側。裾すぼまりに着付けることでおしりがキュッと上がって見え、足が長く下半身もスッキリと見えます。その秘訣は褄上げにあります。下半身をほっそりと見せたいなら、下前の褄先を思いきり上げてみましょう。さらにオハラ流では、下前の衿先を腰紐の上に上げることで、褄上げを一日中キープすることができます。ただし、上前の衿先は腰紐の上まで上げてはいけません。必ず衿先に腰紐がかかるようにします。

オハラ check

腰紐の上まで上げるのは下前の衿先だけ。上前の衿先はテープの役目。必ず体にピタッと沿わせて、衿先を約10センチ残して腰紐がかかるようにしましょう

腰紐の上に衿先を出します

※写真ではわかりやすいように、上前を脱いでいます。

1

2

腰紐を締めたら、衿先を腰紐の上に出るよう引き上げてから、矢印の方向へ体に沿わせるように引いて布目を整えます。

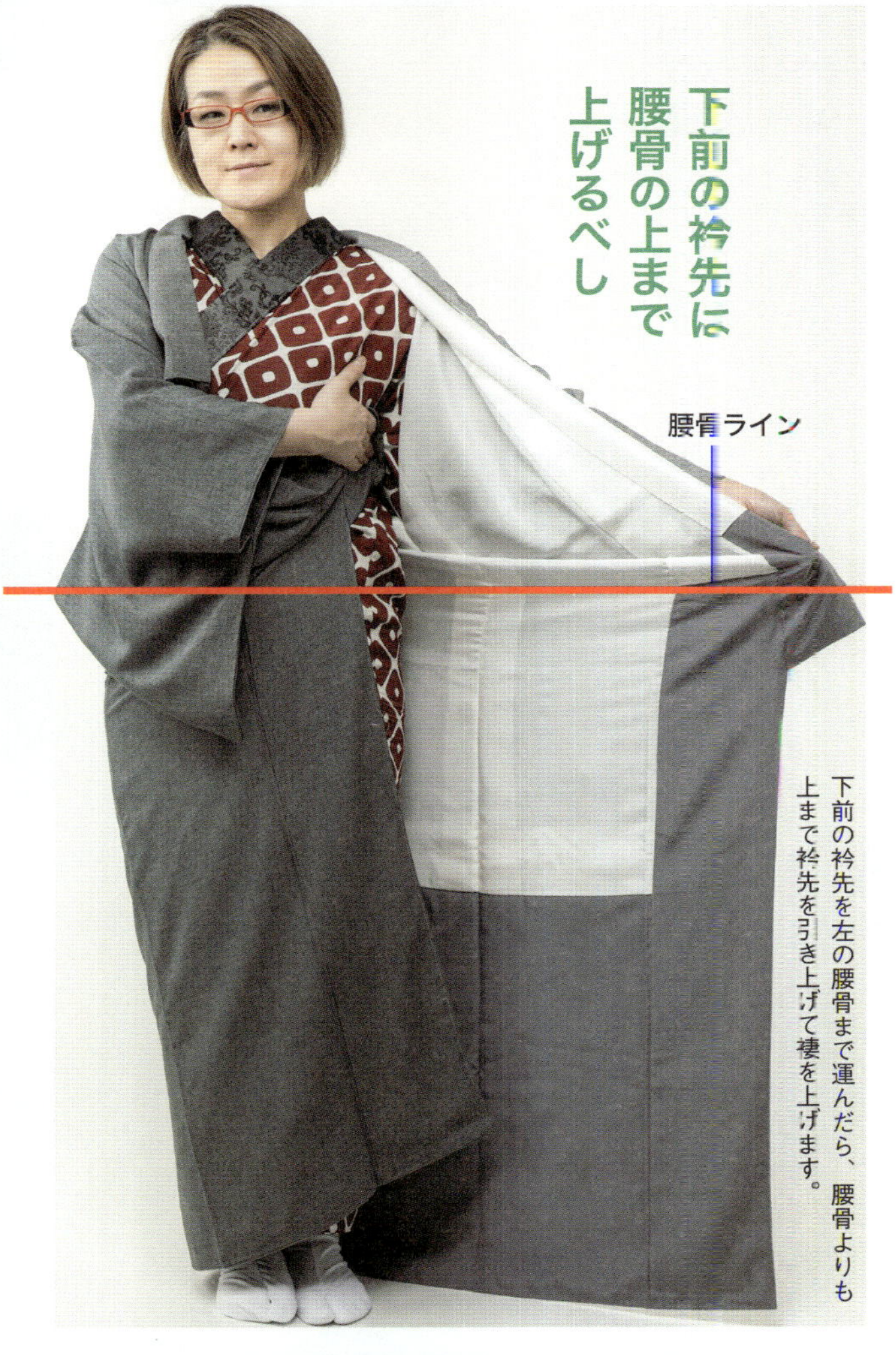

下前の衿先に腰骨の上まで上げるべし
腰骨ライン

下前の衿先を左の腰骨まで運んだら、腰骨よりも上まで衿先を引き上げて褄を上げます。

Technic 2

長すぎるおはしょりを短くしてお腹痩せ

おはしょりは帯下10センチ（人差し指一本分）がベストな長さ。それ以上長いとお腹が目立ってしまったり、足が短く見えてしまいます。生地に厚みがある着物や浴衣は、三角上げ（p.91参照）をして、おはしょりを一枚にしてからおはしょりを上げるといいでしょう。

縫い目をつまみ上げると、均等におはしょりの長さを短くすることができるんよ

長すぎるおはしょりはお腹が目立つ

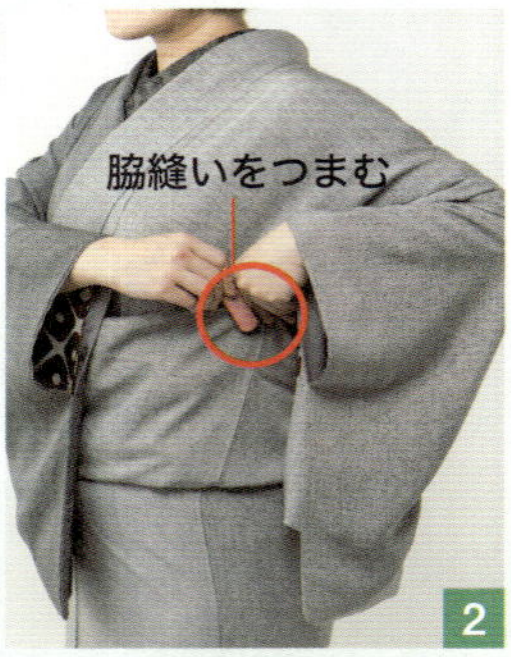

縫い目をつまみ上げて長さを調整して、和装クリップでとめておきます。

短くしたら伊達締めを締めます

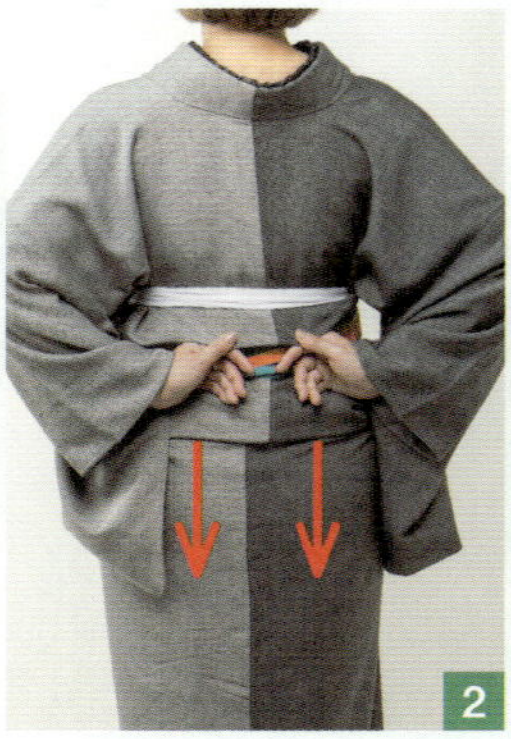

和装クリップを外して、伊達締めの上側の布を下ろして下に引き、布目を整えます。

Technic 3

おはしょりの処理でおしり痩せ

半幅帯はとくに、後ろのおはしょりが目立ち、ここがグチャグチャだと、見た目の美しさに欠けます。手刀の切り方で、腰紐の締め方で、後ろのおはしょりをキレイにして、おしりをスッキリ見せます。

腰紐を後ろを高く締めることで、後ろのおはしょりだけ短くすることができます。

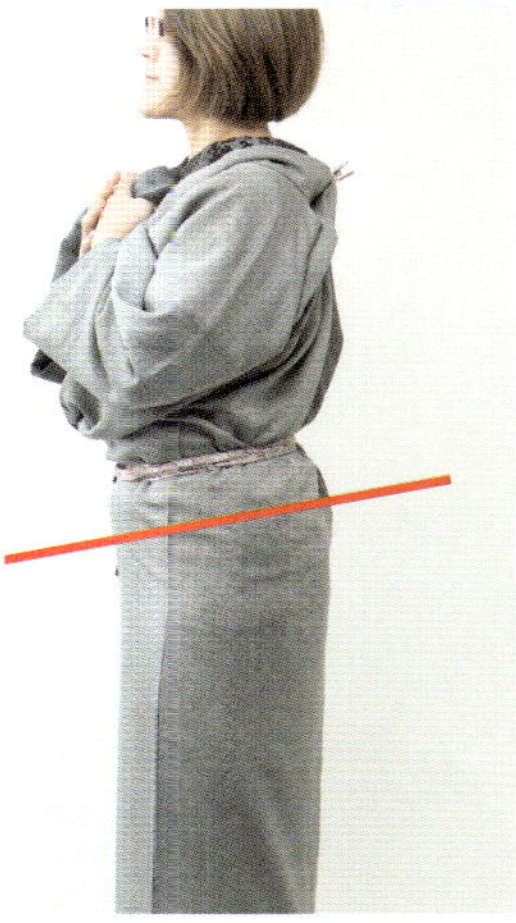

グチャグチャおはしょりは思いきりのいい手刀でシャープに整えます (p.90 参照)。

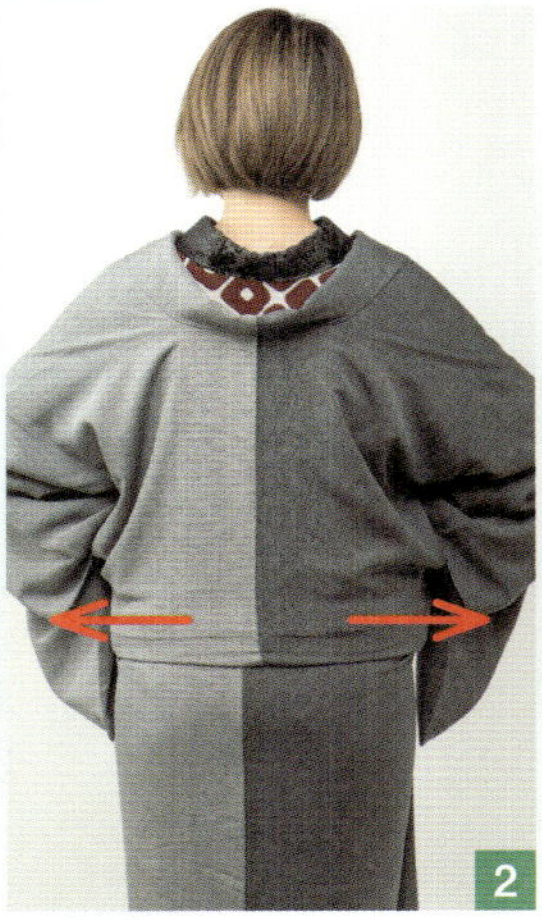

Technic 4

衿幅を調整して上半身痩せ

幅を調整できる広衿仕立ての着物は、体型に応じて衿幅を変えてみましょう。肩幅のある人や胸が大きい人は衿幅を広めに出すと、衿と身頃の境界線から肩までの距離が短く見え、肩幅や胸回りが目立たなくなります。

衿幅を変えることで、上半身が華奢に見えます。
A：衿幅が狭いと肩幅が広く見えます。
B：衿幅を広くすると肩幅が狭く見えます。

Technic 5

“天使の羽根”で背中痩せ

オハラ check

シワひとつない着付けは撮影用。残していいシワと取るべきシワを区別して、ナチュラルな着痩せを目指しましょう

肩甲骨付近に縦に入るシワを、オハラ流では〝天使の羽根〟と呼んでいます。実はこの天使の羽根、あるとないのとでは背中の〝華奢度〟が大いに違ってくるのです。背中の見える洋服を着たときに、肩甲骨が出ている人のほうが華奢に見えるように、天使の羽根があるだけで背中がほっそり見えるのです。

NG

天使の羽根があっても、中央にもシワが入っていたり着物と体の間にすき間があると上半身がほっそり見えません。また、まったくシワがないのもかえって背中が広く見えてしまい、太って見える原因に。

中央のシワは脇にしごいてしっかり取る
シワを残す（天使の羽根）
シワを残す（天使の羽根）

背中の中央にある縦ジワや、斜めのシワは取るべきシワ。伊達締めを締めたら、布を脇にしごいてシワを取ります。ここで脇にしごきすぎると天使の羽根がなくなってしまうので注意しましょう。

1

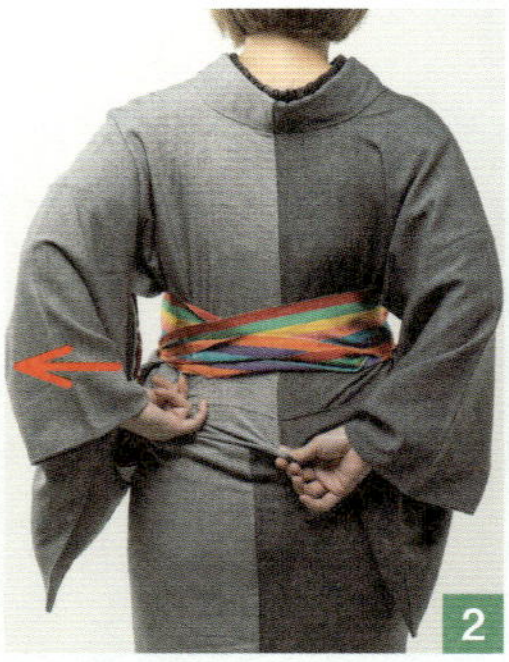
2

片側ずつシワを脇にしごいて

3

最後に中央から3ケ所に分けて、おはしょりを引く

用意するもの

着付けに必要なアイテムは、当日になってから慌てないよう、必ず着る前日までに確認しましょう。

a 着物を着る場合は長襦袢　b 着物または浴衣　c 帯　d 肌着　e 和装クリップ2〜3個　f 仮紐・腰紐2本〜3本
g 帯板（ベルト付き）　h 伊達締め2本　i タオルまたは手ぬぐい　j 足袋　k 腰パッド　l 衿芯

補整をする

反り腰の人はとくに補整をしておくと、帯を締めたときに後ろのおはしょりにへこみができにくくなります。

長方形のタオルまたは手ぬぐいを、段違いになるよう折りたたみます。

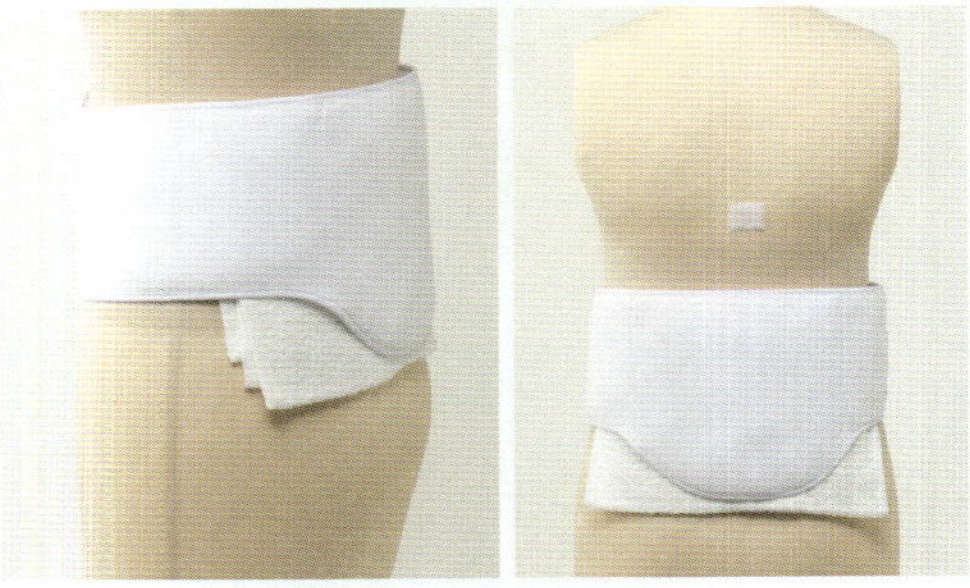

腰のへこんでいるところがいちばんタオルが厚くなるように、ウエストラインから下の腰にタオルを当ててから、腰パッドをつけます。

長襦袢を着る

着付けの土台となる長襦袢の着付けは、長襦袢と体の間にすき間ができないようしっかりと布をしごいて布目を整えます。

持つのは必ず胸の前

1
肌着を着て長襦袢を羽織ったら、両衿先を合わせてから胸の前で両衿を片手で持ちます。もう片方の手で背中心を持ちます。

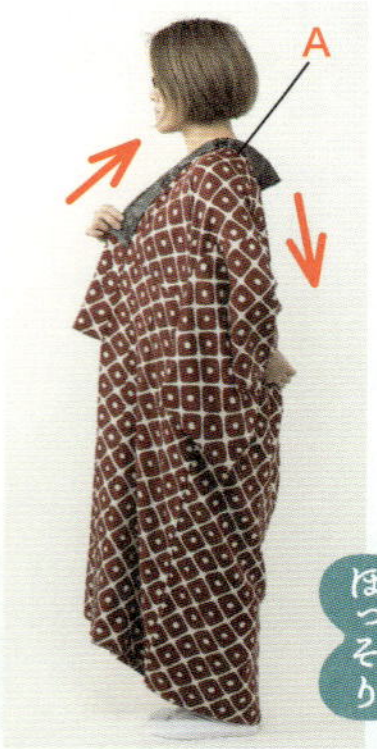

ほっそり

2
衿を持つ手を上げて背中心を下げて衣紋を抜きます。ここでは抜きたい加減よりも大きめに衣紋を抜いておきます。とくに首が短い人やふくよかな人は、衣紋は抜きぎみのほうが後ろ姿がほっそりと見えます。

バストを包むように
深〜く合わせて

3
Aの位置がずれないよう気をつけながら、下前、上前の順に身頃を脇に向かって深く合わせます。

4
Aがずれないよう気をつけながら、胸紐の真ん中を持って右脇のアンダーバストラインに当てます。

ほっそり

5
右手で胸紐の真ん中を押さえたまま、左側の紐を左脇に運んでそのまま背中へ回します。片側ずつ後ろへ回すことで、着崩れを防ぎます。

じわじわギュ〜

6
右側の紐も後ろへ回したら持ち手を逆にして交差させ、体の近くでゆっくりと締めます。一気に締めるとゆるみやすいので気をつけましょう。

7
左右の紐を前に回したら結び、余った紐はからげてしまいます。

8
伊達締めを胸に当ててから、胸紐の上まですべらせます。

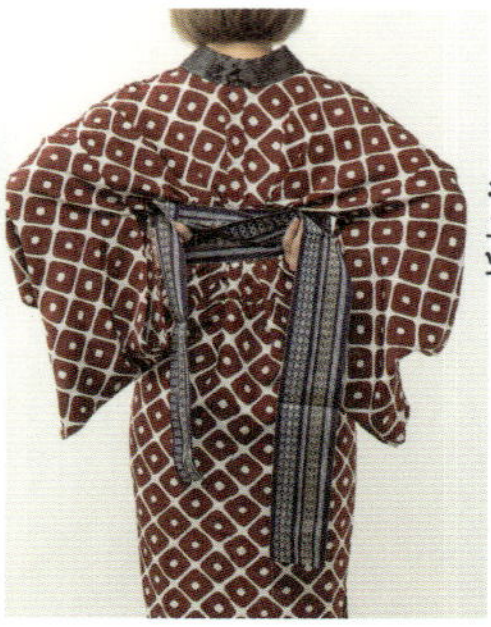

ふわっとキュッ

9
左右の伊達締めを後ろへ回したら交差させ、軽く締めます。

10
前で結んで余った伊達締めはからげてしまいます。

ほっそり

11
伊達締めの結び目を、胴に巻いた伊達締めの下側から内側に隠します。これで余計な凸凹がなくなり、お腹回りもスッキリします。

12
左右の身八《みや》つ口《くち》から親指を深く差し入れて長襦袢をつかみ、左右に引いて背中のシワを取ります。

13

伊達締めと胸紐の下側の中央に両方の人差し指を入れて左右にしごき、シワを取ります。

14

はじめに両方の衿肩あきからまっすぐに下がったところを引きます。次に3センチほど外側にずらしたところ、最後にさらに3センチほど外側にずらしたところを下に引きます。

15

下前の衿をしっかりと押さえたまま、下前の衿先を斜め後方に引きます。さらに体の中央で伊達締めのすぐ下の下前を下に引きます。最後に脇で下前を下に引きます。常に右手は下前の衿を押さえたままです。

16

上前も同様に、常に衿を押さえたまま衿先を斜め後方へ引き、次に体の中央で伊達締めのすぐ下の上前を下に引き、最後に脇で上前を下に引きます。

17

伊達締めの上側に親指を入れて、左右にしごいてシワを取ります。

18

伊達締めの下側に人差し指を入れて左右にしごいてシワを取ります。これで長襦袢の着付けは完成です。

着物を着る

シワはいくらでもあとから取ることはできるので、まずは一筆書きのように一気に着付けてしまうのがキレイに着るコツです。下前の褄を上げて、天使の羽根を作り、ほっそり着付けを目指しましょう。

1

着物の衿を持って後ろへ回し、衿を左右に広げてから片側ずつ肩にかけます。

2

長襦袢の袂《たもと》を持ち、腕を着物の袖に通したら、持っていた袂を離します。長襦袢と着物の袖を一緒に持ち、トントンと軽く振って袂を合わせます。

3

左右の衿先を合わせたら、衿先から手幅ひとつ分のところで左右の衿を一緒に持ち、もう片方の手は背中心を持ちます。

4

衿と背中心を、同時に持ち上げます。

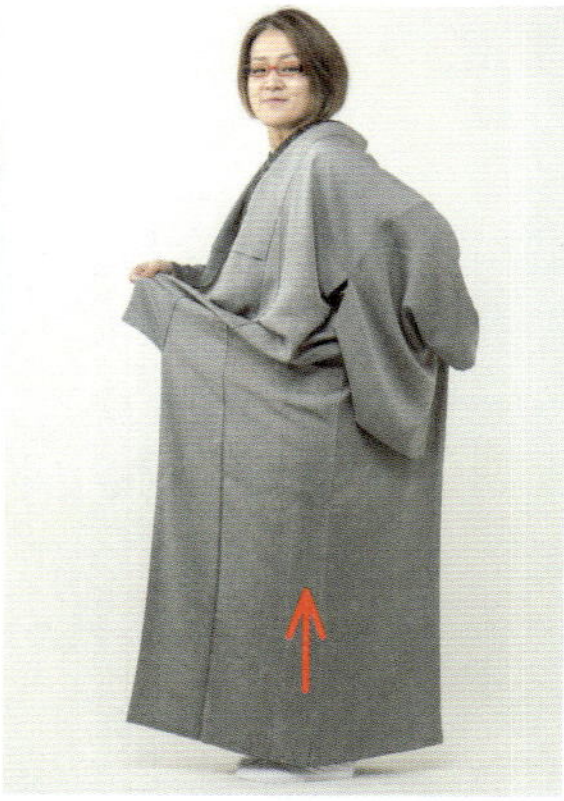

5

裾線を床スレスレを目安に決めます。

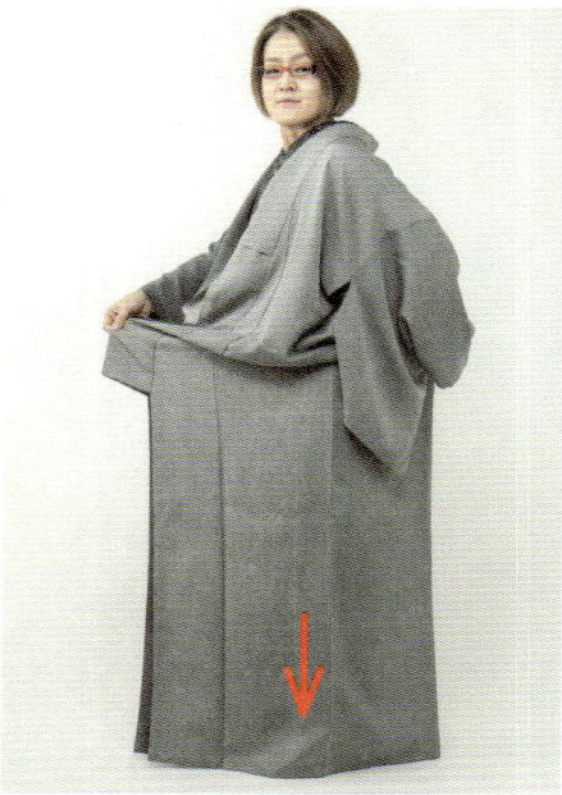

6

裾線をキープしたまま、衿を持った手を前へ引き、後ろ身頃をおしりにしっかりとくっつけます。腰回りにたまっている余分な布は上へ引き上げます。

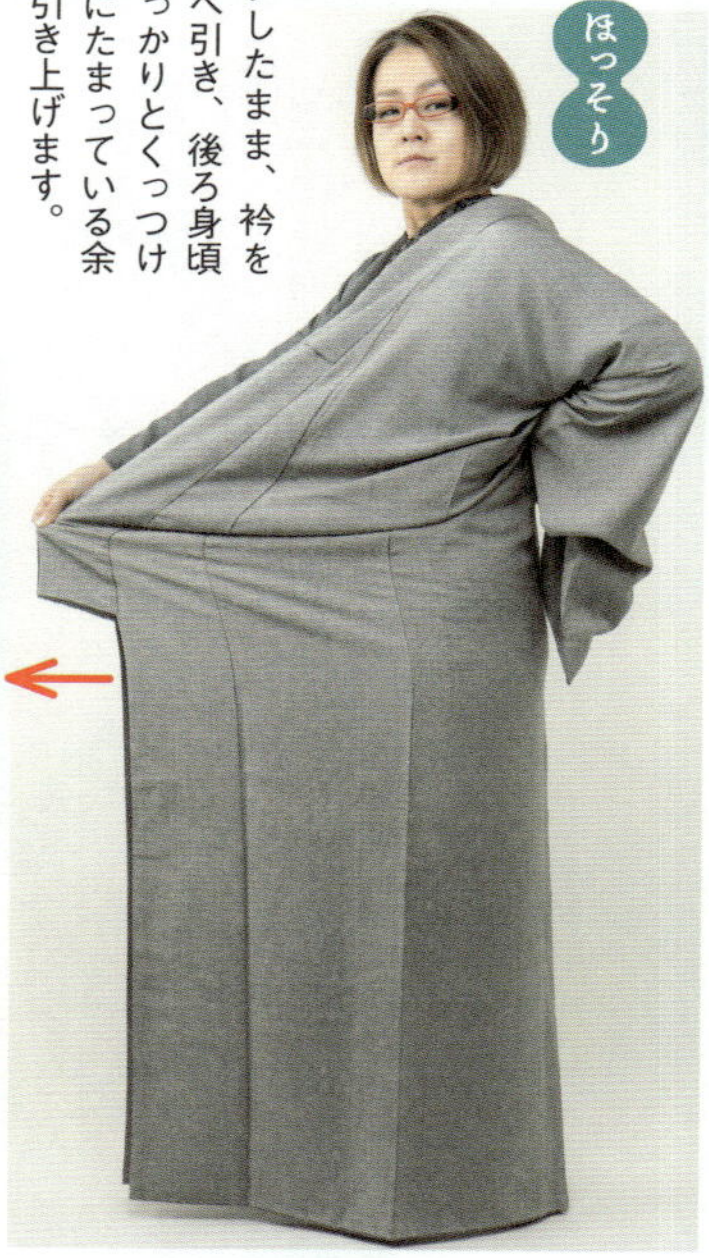

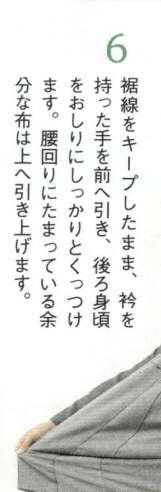

7

前に引いたまま、親指を内側にして、左右の衿を両手でそれぞれ持ちます。

8

着物を前に引いたまま、両手を45度広げます。このとき下は見ず、視線は常に前を向きます。

9

上前の脇縫いが体の真横にくる位置になるよう調整して体に合わせ、幅を確認します。このとき衿先は腰よりもやや後ろにつくくらいがちょうどいい幅です。

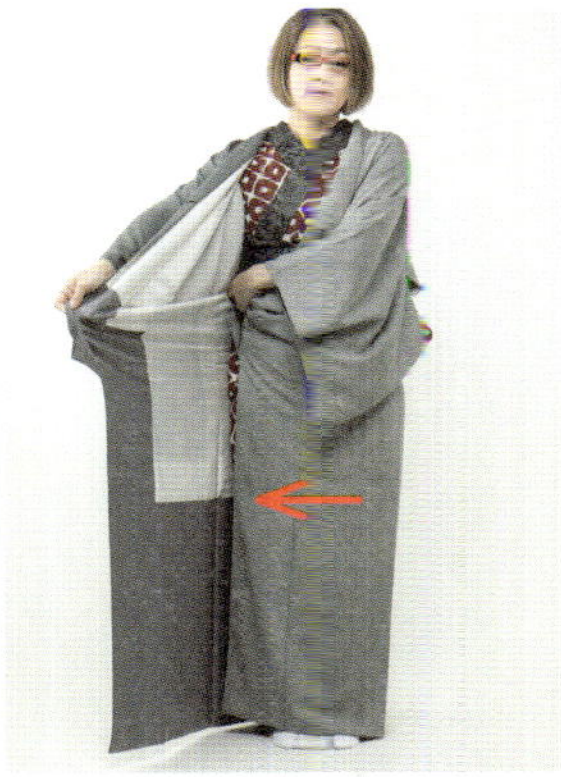

10

上前幅がずれないよう静かに手を広げます。

11

下前を水平に体に合わせます。

12

衿先を、脇に向かって思いきり上げて、下前の褄を上げます。

13

上前を合わせます。上前の衿先は写真のように、腰よりもやや後方につくくらいになります。

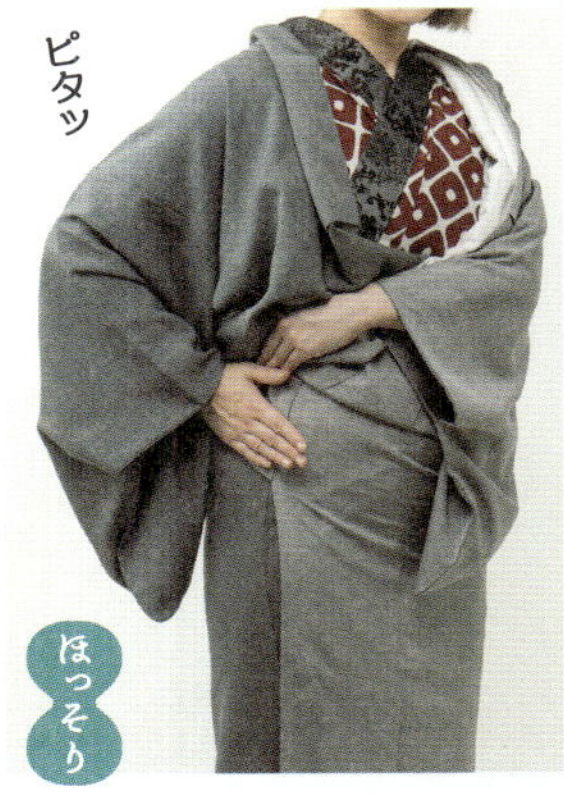

14

腰紐が通るラインを意識しながら、腰回りの余分な布を、前後ともに上へ上げてスッキリとさせます。

15

右腰に腰紐の真ん中を当てて、左側の紐を体の前にスライドさせます。次に左側の紐だけ後ろへ回します。さらに右側の紐を後ろへ回し、交差させて、体に近いところで背骨の上を締めるイメージで、ゆっくりと締めます。

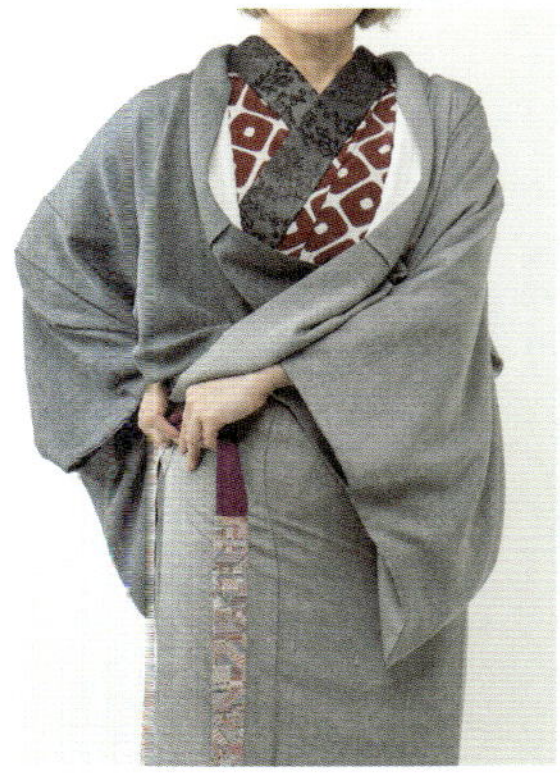

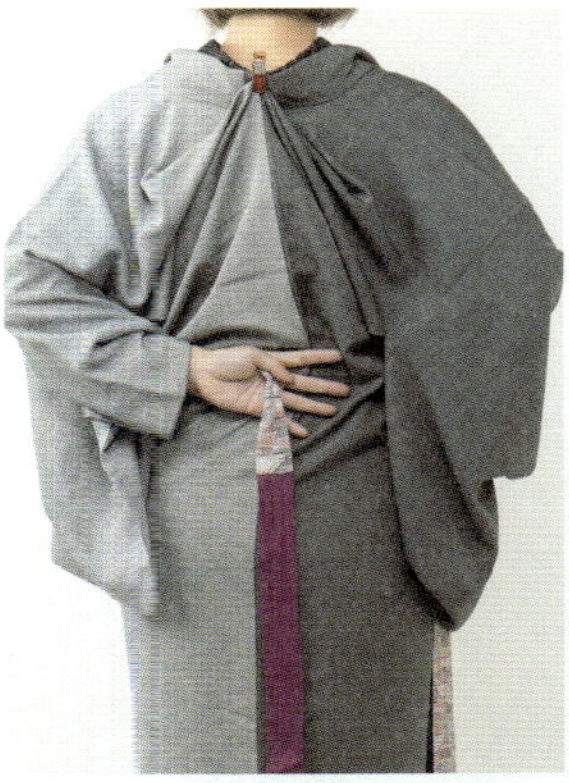

16
左右の紐を前に回したら、体の中央よりもやや右で結んで、余った紐の両端は、体に巻いた紐にからげてしまいます。

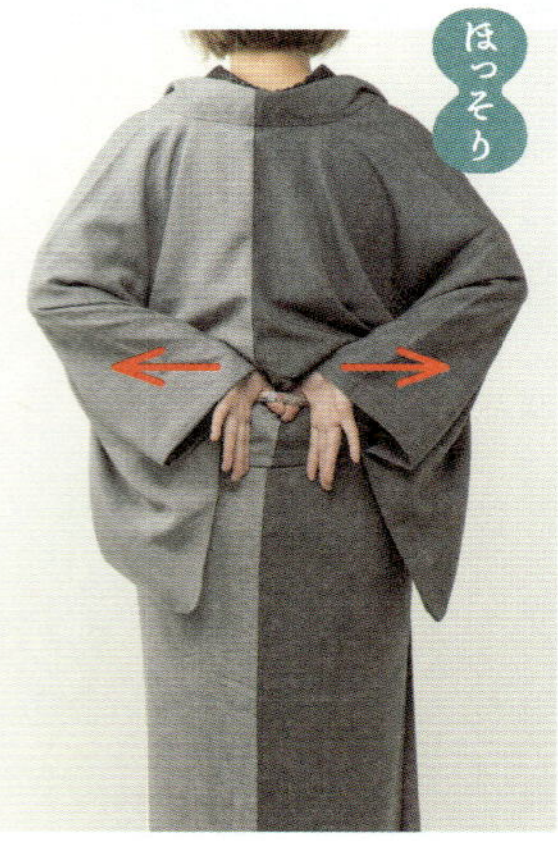

17
後ろの腰紐に、両方の親指を入れて、中央から肩甲骨の延長線上までしごいてシワを取ります。

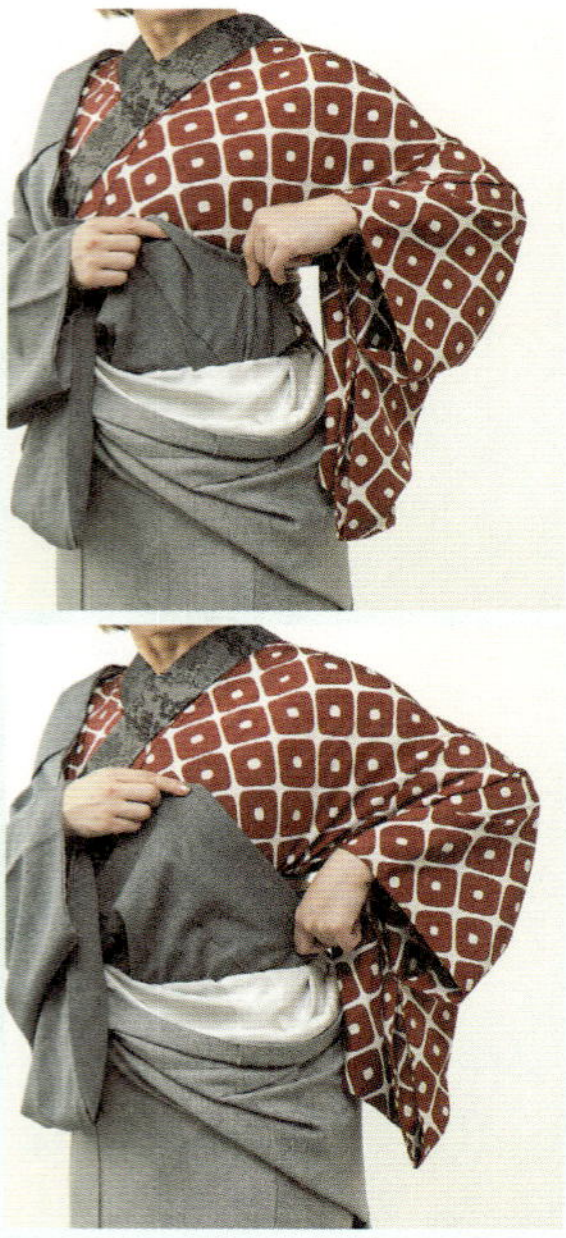

18
下前の衿先を腰紐の上に出るように引き上げてから、後方へ引いて布目を整えます。
※写真はわかりやすいように上前を脱いでいます。

19
結び目に両方の親指を入れて紐を前へスライドさせて、腰紐のゆるみを締め直します。

20
長襦袢を整えるために着物を開き、衿肩あきの真下を最初に、次にそこから3センチ外側にずらしたところ、最後にさらに3センチ外側にずらしたところの3ケ所の長襦袢を下に引き、衣紋を抜き直します。

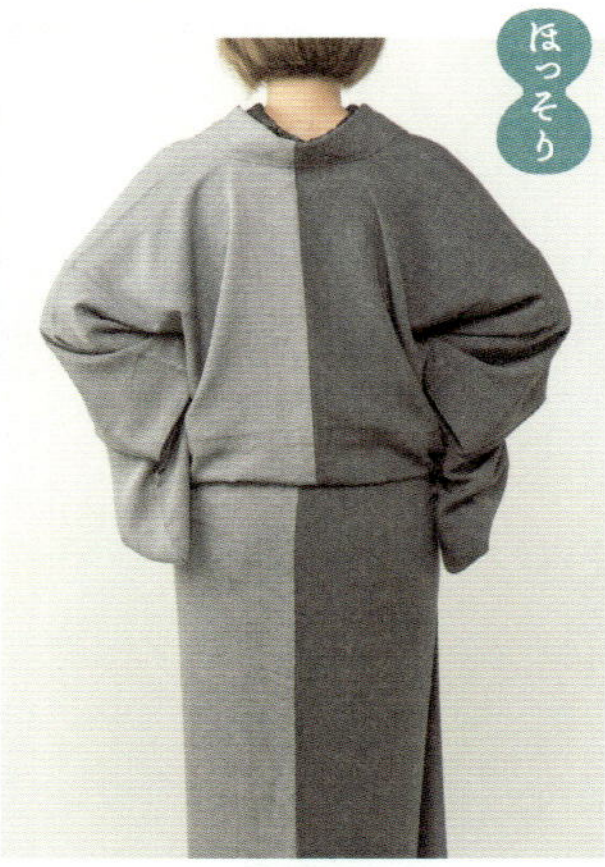

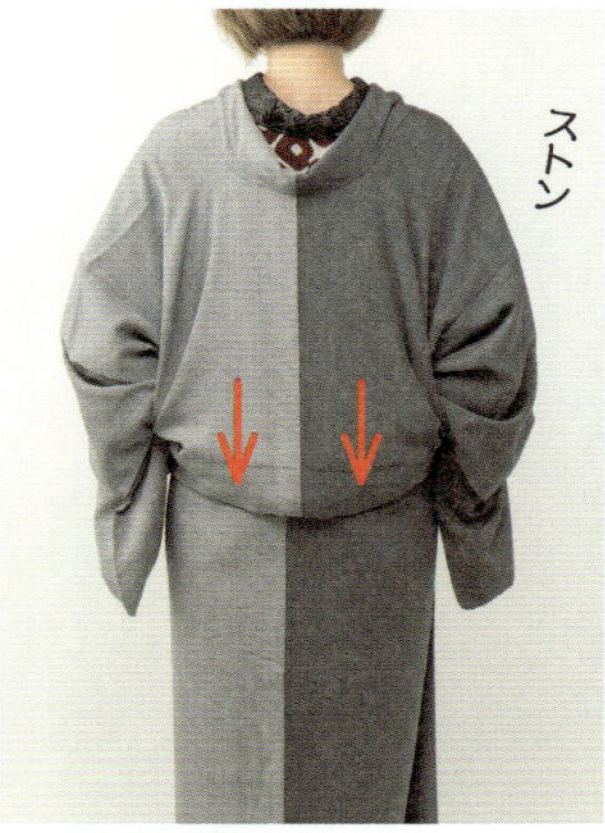

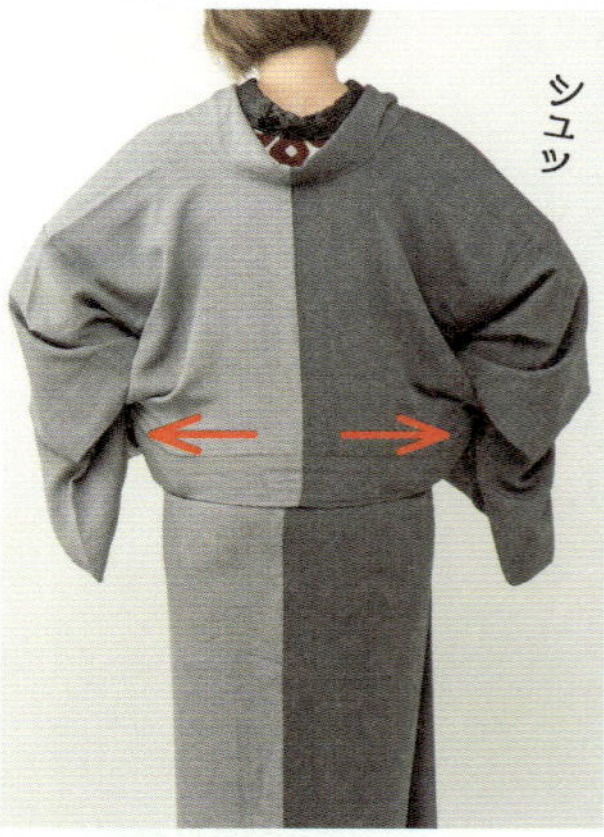

21
左右の身八つ口から手を入れて後ろへ回し、手のひらを外側に向けて、やや強めに指先を落として手刀を切り、脇まで一気に手をすべらせて後ろのおはしょりを整えます。

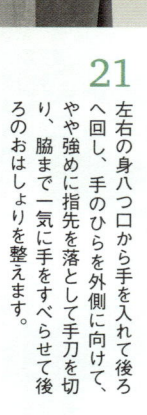

22

簡単に着物の衿を整えたら、左手は身八つ口から入れて下前の掛け衿を、右手は上前の掛け衿を持ちます。

23

左右の掛け衿を両脇目指して深く合わせます。そのまま両手を腰骨に向かって斜め下にすべらせながら空気を抜き、最後におはしょりの底まで手を移動させ、衿を深く合わせます。このときに、上半身と下半身の衽線が揃っていることを確認します。

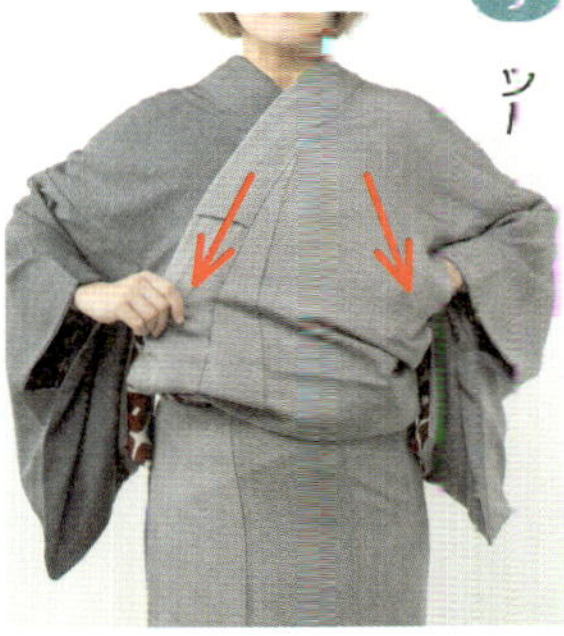

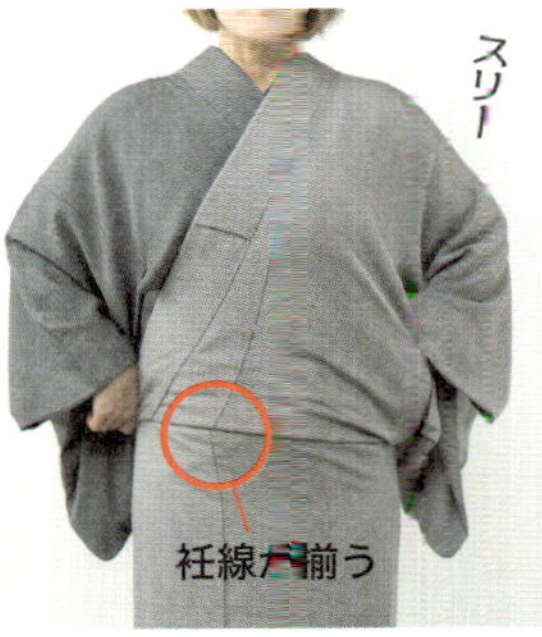

24

右手で上前の衿を押さえたまま、左手でおはしょりの底に手刀を切ります。このときも衽線は揃ったままです。

25

アンダーバストよりも少し下で、下前の衿幅を2センチ内側に折ります。それから左手を脇まですべらせて、下前の衿をなでつけます。そのあと、写真のように三角上げをします。

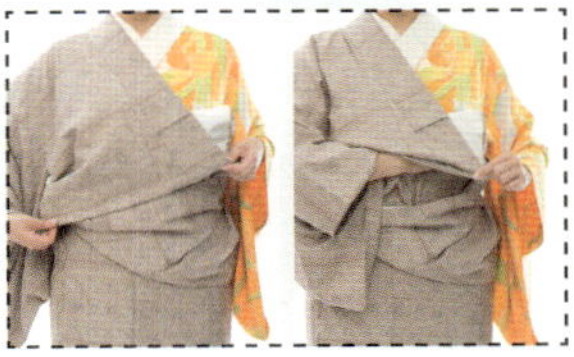

26

上前の衿も、アンダーバストよりもやや下で衿幅を2㎝内側に折り、手のひらで衿をなでつけて整えます。

27

胸紐の真ん中を右脇に当てたら、左側にスライドさせて脇に運び、さらに後ろへ回します。

28

右側も後ろへ回したら、交差させて軽く締めます。前に回して体の中央よりもやや右で結び、余った紐は体に巻いた胸紐にからげてしまいます。

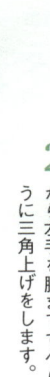

29

伊達締めを胸に当ててから、胸紐の上まですべらせます。

30

後ろに回したら交差させ、軽く締めます。

31

前に回して結び、余りの両端はからげてしまいます。結び目を伊達締めの内側に入れて、表面をフラットに整えます。

32

後ろの身八つ口から親指を深く差し入れます。背中の着物をつかみ、左右にスライドさせてシワを脇に寄せます。

33

背中心がずれないよう押さえながら、片側ずつ伊達締めの下側に人差し指を入れて脇までしごきます。これで背中心がずれずに天使の羽根も作ることができます。

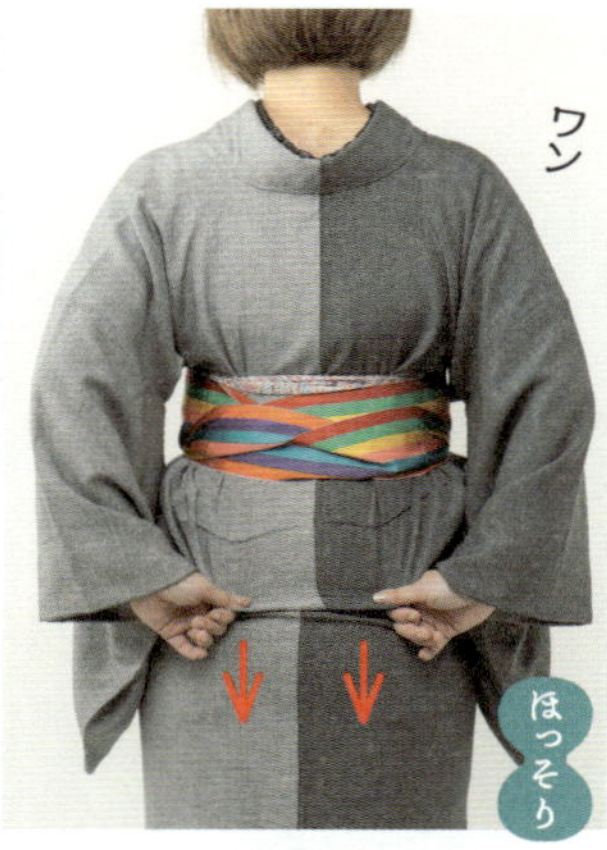

34

後ろのおはしょりの底を持ち、衿肩あきの真下、3センチ外側にずらしたところ、さらに3センチずらしたところの3ケ所を下に引いて、衣紋を抜き直します。

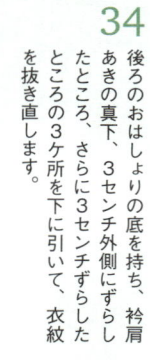

35
前の伊達締めの上側から親指を入れて左右にしごきます。

36
下側は指4本を入れて横にスライドさせて、シワを脇に寄せて整えます。

37
前のおはしょりは、中央から横にずらしながら3ケ所を下に引き、上半身のシワを取ります。これで着物の着付けの完成です。

浴衣を着る

浴衣の着付けのポイントは着物とほぼ同じです。一般的には衣紋は詰めぎみに着たほうが涼しげに見えるといいますが、好みで柔らかい衿芯を入れて衣紋を抜いてもいいでしょう。

1
肌着を着て浴衣を羽織ったら、衿先を合わせます。両衿先から手幅ひとつ分を片手で持ち、もう片方の手で背中心を持ってぐっと持ち上げます。

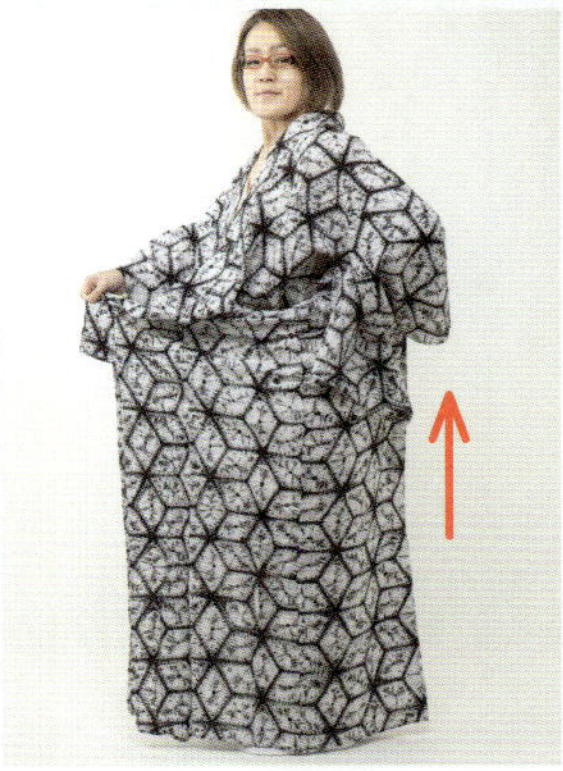

2
裾線を床ギリギリを目安に決めたら、浴衣を前に引いて、しっかりとおしりにつけます。

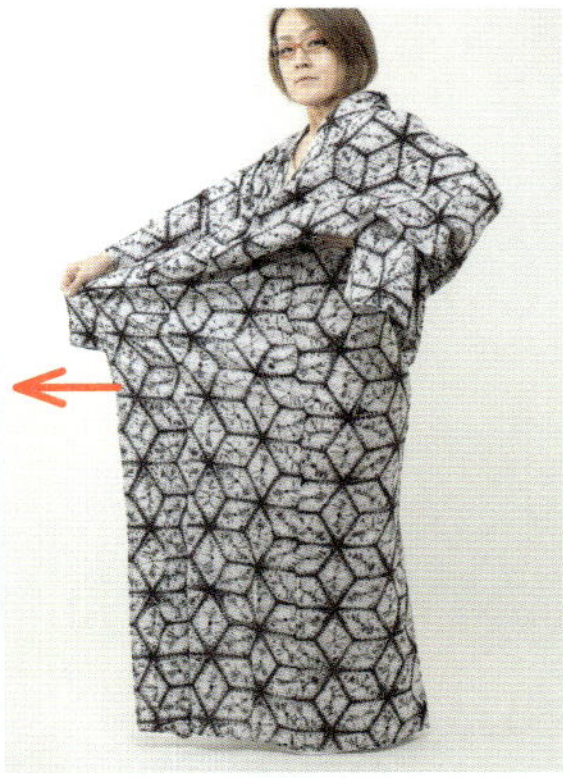

3
おしりに浴衣をつけたまま、上前の脇縫いが体の真横にくるように調整します。

4
上前幅がずれないよう静かに開き、下前を体に水平に合わせてから褄を脇に向かって思いきり上げます。

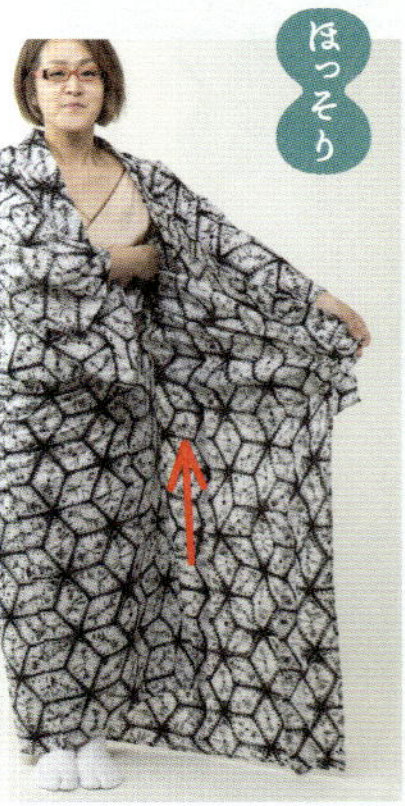

5
腰回りの余分な布を上に押し上げて、スッキリとさせます。

6
腰紐の真ん中を右腰に当てて、片側ずつ後ろへ回したら交差させ、体の近くでゆっくりと締めます。前に回して体の中央よりも右で結びます。

7

左右の身八つ口から手を入れて後ろへ回し、手のひらを外側に向けて、やや強めに指先を落として手刀を切り、一気に脇まで手をすべらせて後ろのおはしょりを整えます。

8

左右の掛け衿を両脇目指して深く合わせます。そのまま両手を腰骨に向かって斜め下にすべらせながら空気を抜き、最後におはしょりの底まで手を移動させ、衿を深く合わせます。このときに、上半身と下半身の衽線が揃っていることを確認します。

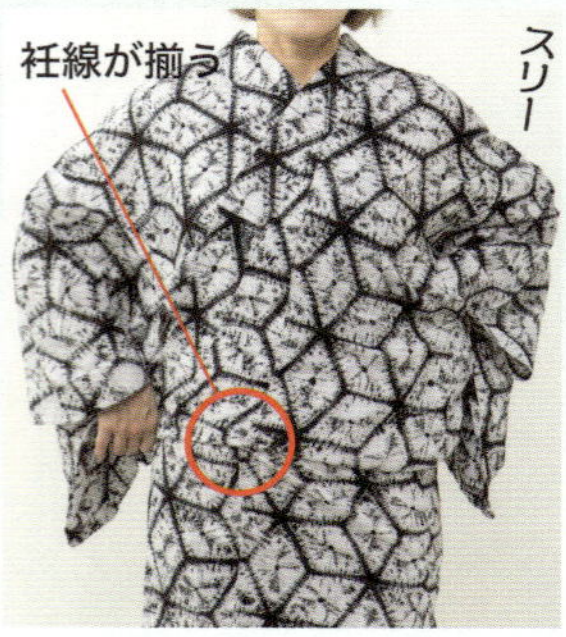

9

着物と同じ要領で胸紐を締めたら、伊達締めを胸に当ててから胸紐の上まですべらせます。

10

伊達締めを後ろに回して交差させ、軽く締めたら前に回して結び、両端をからげたら、結び目を伊達締めの下にしまい、表面をフラットに仕上げます。

11

身八つ口から親指を深く差し入れます。背中の布をつかみ、左右にスライドさせてシワを脇に寄せます。

12

背中心を片手で押さえたまま、片側ずつ伊達締めの下側に人差し指を入れて横にスライドさせて、背中のシワを取り、着物と同様に天使の羽根を作ります。

ほっそり

13

おはしょりを、衿肩あきの真下、3㎝外側にずらしたところ、さらに3㎝外側にずらしたところの3ケ所を下に引いて衣紋を抜き直します。

14

前の伊達締めの上側に親指を入れて横にスライドさせて、シワを脇に寄せます。

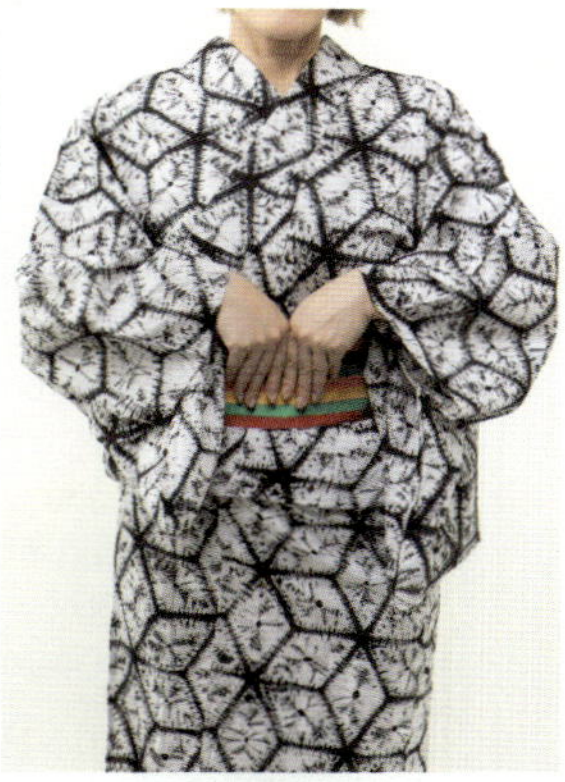

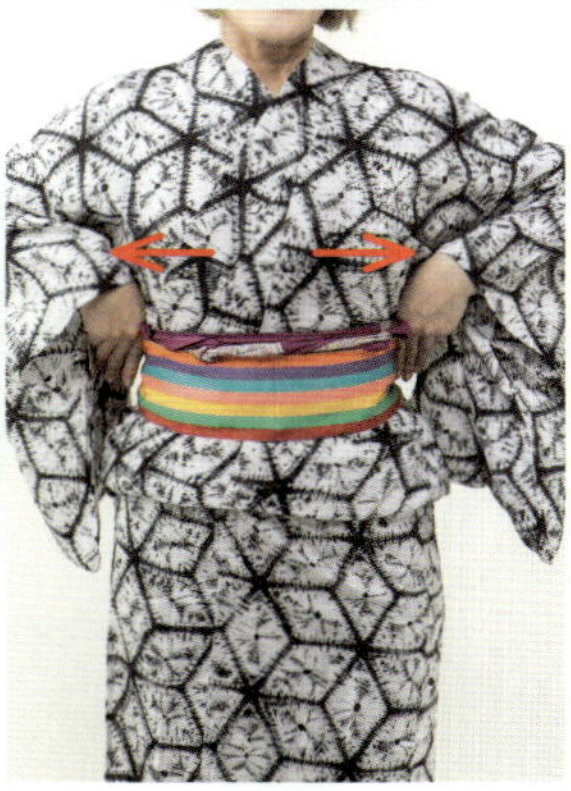

15

下側は指を4本入れて横にスライドさせて、シワを脇に寄せます。
これで浴衣の着付けの完成です。

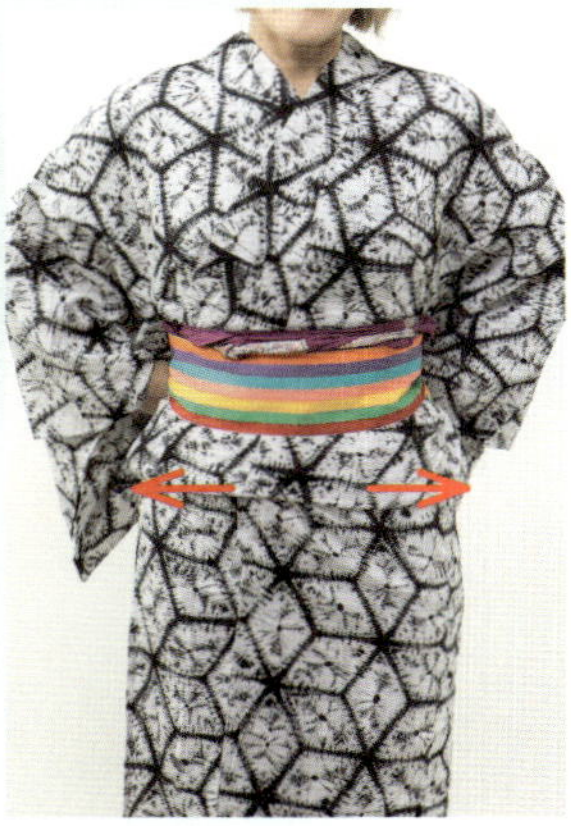

オハラリエコ

着物コーディネーター・スタイリスト。RICO STYLE 主宰。カジュアル着物の先駆けとなったWAKON店長を経た後、衣裳らくやにて店舗運営、石田節子流着付け教室運営に携わる。その後、小町カレン店舗統括マネージャーとしてバイヤー・店舗運営／管理・商品企画／開発・人材育成・着付け教室運営・広報などを手掛ける。2013年、神戸を拠点にRICO STYLEの活動を開始。2014年には「働く女性のアガる着物」をコンセプトにオリジナル商品を発表。ラメやビビッドな発色を用いた質のよい着物や帯は、現代感覚あふれるファッション性の高いカジュアル着物としてオハラーブームを巻き起こしている。神戸のアトリエで開催される着付け教室は、オリジナリティあふれる教え方に定評がある。

RICO STYLE　オハラリエコ着付け教室
https://www.ohara-kimono.jp

協力店リスト

榎本株式会社
静岡県浜松市中区板屋町 562
☎ 053（458）3708
https://www.enomoto-hamamatu.co.jp

Kimono Factory nono
京都市下京区綾小路通新町東入ル善長寺町 143
☎ 075（748）1005
https://www.kimono-factory.com

株式会社黒木織物
福岡市西区今津 4798-141
☎ 092（806）1327
https://www.hakataori.com

RICO STYLE
兵庫県神戸市中央区元町通 6-6-5
セリオ元町通り 2F 201
☎ 078（371）9620
https://www.ohara-kimono.jp

ヴィーニュ
兵庫県神戸市中央区北長狭通 7-1-27 中原ビル 1F
☎ 078（341）7858

ポルトパニーノ
兵庫県神戸市中央区元町通 5-8-15 クロシェビル 1F
☎ 078（362）2770

スタッフ

カバー・本文デザイン	丸山裕美
撮影	岡田ナツ子（Studio Mug）
着付け・スタイリング	オハラリエコ（RICO STYLE）
校正	株式会社円水社
企画・構成・編集	富士本多美
	富岡啓子（株式会社世界文化社）

ほっそり見える！
素敵な大人の半幅帯

発行日	2019年6月25日	初版第1刷発行
	2022年8月05日	第4刷発行

監修	オハラリエコ
発行者	秋山和輝
発行	株式会社世界文化社
	〒102-8187
	東京都千代田区九段北 4-2-29
	電話 03（3262）5124（編集部）
	03（3262）5115（販売部）
印刷・製本	株式会社リーブルテック
DTP 製作	株式会社明昌堂

ISBN978-4-418-19410-0